Las 5 fases del liderazgo cristiano

JUSTYN TERRY

LAS 5 FASES DEL LIDERAZGO CRISTIANO

Las 5 fases del liderazgo cristiano
Justyn Terry

Título original en inglés: *The Five Phases of Leadership: An Overview for Christian Leaders*
Langham Global Library, Carlisle, Cumbria, United Kingdom
© 2021 Justyn Terry

© 2024 Centro de Investigaciones y Publicaciones (CENIP) – Ediciones Puma
Hecho el Depósito Legal en la Biblioteca Nacional del Perú N° 2024-02566
Primera edición impresa, marzo 2024

Categoría: Religión - Vida cristiana - Liderazgo y mentoría

ISBN N° 978-612-5026-38-5 | Edición impresa
ISBN N° 978-612-5026-39-2 | Edición digital

Editado por:
© 2024 Centro de Investigaciones y Publicaciones (CENIP) – Ediciones Puma
Av. 28 de Julio 314, Int. G, Jesús María, Lima
Apartado postal: 11-168, Lima - Perú
Telf.: (511) 423–2772
E-mail: administracion@edicionespuma.org | ventas@edicionespuma.org
Web: www.edicionespuma.org
Ediciones Puma es un programa del Centro de Investigaciones y Publicaciones (CENIP)

Traducción y edición: Alejandro Pimentel
Diagramación: Hansel J. Huaynate Ventocilla

Esta traducción se publica por acuerdo con Langham Publishing.

Salvo indicación especial, las citas bíblicas se han tomado de la Nueva Versión Internacional
© 1999 por la Sociedad Bíblica Internacional.

ISBN N° 978-612-5026-38-5

Contenido

Prólogo

El liderazgo: la ciencia del saber hacer
y del lograr ser

Ediciones Puma, siempre atenta a las necesidades de las iglesias del continente, nos ofrece un nuevo libro sobre un tema clásico en las producciones editoriales cristianas: el del liderazgo. El autor, Justyn Terry, subdirector y decano académico de Wycliffe Hall, Oxford, y apreciado profesor de teología sistemática, ha sido director de *Trinity School for Ministry* en Pensilvania, Estados Unidos, además de pastor de una iglesia en el oeste de Londres. Destaco estas responsabilidades para señalar que él escribe sobre el tema después de muchos años de experiencia en distintos campos del ministerio. Es un académico pero, en lo que respecta al liderazgo, es ante todo, un practicante, ya sea como gestor de proyectos educativos (liderazgo gerencial), como pastor de una comunidad local (liderazgo pastoral) o como docente activo (liderazgo educativo). Desde esa amplia experiencia, nos presenta este libro, al que tengo el honor de dedicar este prólogo.

Terry no solo ha sintetizado sus experiencias como líder con el fin de ofrecernos un marco de gestión de liderazgo efectivo y eficaz (un tema abordado repetidamente en las bibliotecas técnicas), sino que también presenta un marco de liderazgo basado en la fe cristiana y en las enseñanzas de las Escrituras. Esta dualidad es una de sus contribuciones más valiosas. Algunos escritores abandonan el fundamento cristiano por el afán de escribir bien sobre liderazgo, mientras que otros se centran exclusivamente en la fe, descuidando los aspectos prácticos de la gerencia. Terry equilibra magistralmente estos dos aspectos, combinando la erudición académica con la calidez pastoral.

Cada una de las cinco fases presentadas en la obra —ganarse la confianza de la gente, desarrollar líderes, discernir la visión, llevar a cabo los planes y la fase de transición— reconoce que el liderazgo, desde el compromiso con el reino de Dios, busca no solo la eficacia, sino también la alineación con la voluntad divina, discerniendo quién, cómo, dónde, con qué recursos y con qué propósito. Terry nos enseña que el liderazgo es, en última instancia, el arte de discernir y aplicar la voluntad de Dios para que esta se cumpla «en la tierra como en el cielo» (Mateo 6.10).

Reconozco y agradezco el esfuerzo del autor por conectar la gestión, la ética y el carácter confiable. Esto se refleja, por ejemplo, en la importancia que atribuye a que los líderes ganen la confianza de sus equipos, no mediante trucos gerenciales, sino desarrollando un carácter firme, propio de la madurez cristiana. Este aspecto es fundamental no solo en la fase de ganar confianza, sino en todo el proceso de liderazgo, tal como lo señala el autor en cada uno de los capítulos con habilidad pedagógica.

Que no se equivoquen quienes creen que, por ser un libro cristiano y que busca cumplir la voluntad de Dios, descuida los aspectos prácticos y operativos, como mencioné anteriormente. Terry, paso a paso, destaca la importancia de estos aspectos e indica, desde su experiencia, la mejor manera de abordarlos. Ello incluye la gestión de recursos, la administración financiera y el manejo adecuado del tiempo, así como el papel crucial que desempeña la influencia del líder para que la comunidad pueda ejercer su impacto en la sociedad y en el mundo. Terry sostiene que esta influencia se basa en la confianza ganada, la cual, a su vez, se construye logrando unas buenas relaciones. Como afirma en uno de los capítulos: «Cada aspecto del liderazgo implica un componente de confianza, ya que esta depende de la influencia, la cual, a su vez, se fundamenta en las relaciones, las cuales, a su vez, se sustentan en la confianza».

En este prólogo, mi objetivo no es revelar todo lo que encontrarán los lectores, sino motivarlos a que exploren el libro debido a su calidad y respaldo experiencial. Escrito desde la fe para aquellos que comparten esa misma convicción, y desde la iglesia para quienes forman parte de ella, pero también para aquellos que, sin identificarse con esa fe o comunidad, tienen interés en aprender principios de liderazgo que se basan en las Escrituras y que ofrecen ejemplos prácticos de parte del autor. Estos principios son útiles para diversos ámbitos, como la educación, el comercio, el trabajo social, la obra pastoral, la gestión empresarial, el deporte, el arte y demás. El liderazgo, en última instancia, tiene un amplio uso, y las cinco fases que presenta el libro son pertinentes para todos estos contextos.

Quiero destacar una de las fases aquí: la capacidad de discernir cuándo es el momento adecuado para dejar el liderazgo y cómo realizar transiciones de manera oportuna. Los consejos que ofrece son prácticos y se basan en su experiencia ministerial. Terry enseña cómo evitar decisiones precipitadas que podrían poner en riesgo procesos prolongados y costosos, así como también cómo evitar prolongaciones excesivas que pueden afectar tanto los procesos como al líder mismo. El autor presenta recomendaciones valiosas no solo para aquellos en la etapa de retiro, sino también para personas jóvenes que sienten que han alcanzado el final de un ciclo o que vislumbran nuevos horizontes en su carrera profesional. En todos los casos, Terry enfatiza la importancia de considerar el legado que se dejará (el cual no está determinado por la edad), la necesidad de mantener el ímpetu, la responsabilidad de la eficiencia y el compromiso de mantener la integridad moral y los valores personales durante todo el proceso de transición. Este principio, al igual que otros que se destacan en el libro, se ilustra con anécdotas de vida y ejemplos útiles, todos extraídos de la amplia experiencia del autor.

Al leer el libro, que por cierto me tomó más tiempo del que había prometido a la editorial, repasé una y otra vez los principios, pero también reflexioné sobre mi propia vida como líder, ya que me acerco a los 45 años de ministerio activo. Justin Terry me supera ampliamente en experiencia y logros; en este sentido, él es un maestro del cual sigo aprendiendo. Sin embargo, me vi reflejado en muchos de los casos que presenta. En algunas páginas, cambié la silla de director que él ocupó en su momento por la silla que yo he ocupado varias veces. Me vi a mí mismo identificado, lo cual me causó un gran reto y estímulo; me di cuenta de que las páginas del libro me presentaban una oportunidad personal para realizar un «examen de conciencia» de mi propio liderazgo y darme así la oportunidad de aprender de nuevo por medio de su lectura.

Porque el liderazgo implica tanto la ciencia del saber hacer (gestión y operación eficaz) como el proceso espiritual que apela a nuestro carácter y valores. Siempre hay margen para superarse y, lo más importante, para lograr ser una mejor persona, que sigue creciendo hacia «la estatura de la plenitud de Cristo», como nos enseña el apóstol Pablo (Efesios 4.13). Cristo es la meta y nuestra tarea como líderes de fe es el reino.

Harold Segura C.
Colombia-Costa Rica
Director del Departamento de Fe y Desarrollo de *World Vision*
para América Latina y el Caribe

Prólogo del autor para la edición en inglés

Este libro empezó en dos lugares, como un niño con papá y mamá. El primero de ellos fue en una conferencia que ofrecí en torno a la labor de los líderes cristianos y que se llevó a cabo en el Trinity School for Ministry, institución teológica en la ciudad de Pittsburgh, en los Estados Unidos. La conferencia tuvo como base el tiempo que dediqué dirigiendo la iglesia St. Helen en North Kensington, Inglaterra, y su propósito fue ofrecer un resumen de aquella experiencia de principio a fin. El segundo de ellos fue un conjunto de conferencias breves que ofrecí luego de los cultos en la capilla del Trinity School for Ministry, en los que compartí consejos semanales en torno a distintos aspectos del liderazgo y gestión administrativa de los líderes cristianos. Mi intención fue intentar destilar lecciones que logré aprender acerca del liderazgo en la iglesia de St. Helen, en Trinity y durante mi labor como gerente comercial de una empresa de equipos electrónicos antes de mi ordenación en el ministerio. Varios de mis alumnos y mis colegas de la facultad me alentaron a que pusiera por escrito estas experiencias para el beneficio de más personas y aquí les ofrezco los resultados.

En esencia, este libro afirma que todo liderazgo tiene cinco fases: ganarse la confianza de la gente, desarrollar líderes, discernir la visión, llevar a cabo planes, y saber retirarse del proceso. Como veremos a continuación, no se trata de cinco fases bien definidas y separadas, ya que muchas de ellas se sobreponen. Tampoco se trata de una «talla única» que encaja para todos los liderazgos. Más bien, se trata de un intento por identificar los elementos principales del liderazgo con el fin de ayudar a los líderes a que determinen en qué fase se encuentran y hacia cuál fase se dirigen. Describiré cada fase lo más breve posible y ordenaré la información de forma que puedas saltearte datos que ya conoces. Estoy consciente de que todo líder tiene la tendencia a mantenerse ocupado y que desea aprovechar el tiempo al máximo.

Obviamente, hay muchos libros sobre liderazgo que a menudo se concentran en el carácter y las destrezas que llevan a producir un buen líder o en los distintos estilos de liderazgo. Lo que ofrezco aquí es un panorama en torno al liderazgo, que describe cada una de sus fases típicas. Cuando vemos el ciclo normal de la vida del líder, podremos darnos cuenta de que las distintas características y destrezas del líder son importantes. Espero que esta manera de ver las cosas pueda consolidar aquellos elementos que parecer ser dispares y así poder concentrarnos en la tarea general del líder.

Por tanto, este libro ha sido escrito por un profesional practicante que se dirige a otros profesionales practicantes. No se trata tanto de lecciones que se hayan aprendido en la biblioteca, sino destrezas que se han pulido en la escuela del servicio cristiano. Tampoco se trata de la experiencia de alguien que haya estado al mando de grandes organizaciones, lo cual muy pocas personas lo logran. Más bien, se trata de la observación sobre la vida común de un líder, con la que todos los demás líderes podrán identificarse. Tengo la esperanza de poder ofrecer ayuda en calidad de teólogo que tiene por costumbre intentar ver cómo se interrelacionan las distintas partes de un tema complejo. En varios sentidos, lo que me condujo inicialmente a querer escribir este libro fue mi deseo de poder entender la manera en que encajan las cosas en la vida del líder, es decir, ¿de qué manera se relaciona la necesidad de ganarse la confianza de la gente con los retos prácticos en torno a identificar líderes o a desarrollar una visión? ¿Por qué es importante que tenga yo paciencia cuando vea con toda claridad lo que hay que cambiar? ¿Qué debe suceder primero antes de que empiece a pensar en cambiar a otro trabajo? Quiero ver los detalles de la madera en el bosque del liderazgo con el fin de lograr valorar la función que tiene cada árbol y el papel que juega en todo el bosque.

Este libro se dirige a todo el que está de alguna manera involucrado en el liderazgo, no solo para aquellos que ocupan altos cargos. Cuando escribí la primera edición no estaba plenamente seguro si podía afirmar lo anterior. Me preguntaba cuán útil sería este libro para alguien que participa del liderazgo pero que no ocupa un cargo superior, como es el caso de muchos líderes. Sucede que yo mismo me encuentro en esta situación. A mi retorno al Reino Unido desde los Estados Unidos, vine a ocupar el cargo auxiliar de vicerrector de una institución teológica, el Wycliffe Hall en Oxford. Me ha causado mucha alegría haber podido traer las lecciones aprendidas como rector de una institución teológica en una parte del mundo, con el fin de brindar apoyo al rector de otra institución teológica en otra parte distinta. Ahora que he podido revisar este libro, he tenido la oportunidad de reflexionar sobre el liderazgo a partir de mi experiencia actual en calidad de líder auxiliar y me he dado cuenta de que las cinco fases del líder son válidas también para este contexto. Sigue siendo un asunto de ganarse la confianza de la gente, desarrollar líderes, discernir la visión, llevar a cabo planes, y saber retirarse del proceso, si bien es cierto de que, en particular, discernir la visión debe estar sujeto al criterio del líder.

Antes de proseguir, quisiera mencionar tres asuntos adicionales: en primer lugar, lo que escribo lo hago en calidad de creyente cristiano y deseo que este libro lo usen mayormente líderes cristianos, pero no solo se dirige a ellos exclusivamente. Estoy convencido de que estos principios tienen un uso más amplio, así que anticipo que incluso aquellos que no conocen la fe cristiana encuentren útil este libro. En segundo lugar, estoy convencido de que el liderazgo es un asunto que, más que aprenderse, uno se «contagia» o se «engancha», así que recomiendo que busques algún asesor personal que te ayude como líder. Y en tercer lugar, recurro a ejemplos breves no con el fin de afirmar «así se deben hacer las cosas», sino tan solo decir «así se hicieron las cosas, de una manera correcta o incorrecta, pero así se hicieron». Los líderes tienen la oportunidad de aprender de aquellos ejemplos, tanto de fracasos como de éxitos.

Finalmente, debo agradecer a muchos por haberme ayudado a publicar este libro. Agradezco a Christopher Klukas, director de Whitchurch Publishing, en Pittsburgh, Estados Unidos, quien supervisó la primera edición. También estoy agradecido a los que leyeron el manuscrito y me ofrecieron excelentes consejos respecto a este: Megan Carey, Geoff Chapman, Anne Cowley, David Drake, Karen Getz, Austin Gohn, John Guest, Mary Hays, Bill Henry, Steve Palmer, David Pennylegion, John Rodgers, Scott Santibanez, Laurie and Mary Thompson, y mi esposa, Cathy Terry.

Esta segunda edición revisada incluye las observaciones de parte de los que usaron la primera edición, ya sea en calidad de nuevos líderes o como experimentados líderes que han logrado refinar sus destrezas. Agradezco a Pieter Kwant, director de Langham Literature, por haberme animado a revisar las cinco fases del liderazgo cristiano, no solo respecto a incluir nuevos datos sino también para realizar cambios sustanciales con el fin de que el libro sea útil para líderes cristianos por todo el mundo. Los once años que pasé en los Estados Unidos me suplieron de muchas oportunidades para conocer líderes de iglesias de otras partes del mundo que habían venido a Pittsburgh o que me invitaron a sus respectivos países. Este aspecto internacional ha sido muy valioso para mí. Pieter me presentó a Finny Philip, rector del Filadelfia Bible College, en Udaipur, y a Paul Swarup, presbítero a cargo de la Cathedral Church of the Redemption, Delhi. Me fueron de mucha ayuda para el desarrollo de este libro, especialmente por medio de la visita que Finny hiciera a Oxford donde me compartió sus apreciaciones y las de Swarup con el fin de poder incluir perspectivas desde la India y del resto del mundo mayoritario.

En enero de 2018, tuve también la oportunidad de enseñar estos conceptos en el Anglican Leadership Institute de Carolina del Sur, Estados Unidos, a líderes de la comunión anglicana, los cuales incluyeron clérigos, arcedianos y obispos provenientes de Brasil, Burundi, Ghana, Indonesia, Malawi, Nigeria, Sudán del Sur, Tanzania, Uganda, el Reino Unido y los Estados Unidos. Cada uno de ellos compartió experiencias únicas que me fueron útiles para reformular el contenido de este libro. Agradezco a las siguientes personas por haber participado en este proyecto: Mike Adegbile, Francis Barongo, Eraste Bigirimana, Gyordano Brasilino, Ali Calvin, Henok Hariyanto, James Kennedy, Godwin Makabi, Francis Matumba, Joram Ntakije, Sam Parddy, Matthew Taban Peter y Greg Snyder. He tenido el maravilloso privilegio de pasar una semana con ellos. Logré escuchar relatos fascinantes de los retos que tuvieron que encarar y las lecciones que aprendieron gracias a su forma de llevar a cabo su liderazgo. Les agradezco por haberme beneficiado de sabiduría en esta nueva edición. También agradezco los comentarios de Trevor Rayment, quien leyera el borrador de la segunda edición. Agradezco mucho al Arzobispo Ben Kwashi por su liderazgo inspirador y por haber dedicado el preámbulo de este libro. Asumo cualquier error o defecto, pero estoy seguro de que esta segunda edición ha sido fortalecida por las contribuciones de cada uno de los líderes anteriormente mencionados.

Por último, estoy profundamente agradecido a la gente de St. Helen Church, North Kensington y Trinity School for Ministry, en Pittsburgh, donde aprendí tantas lecciones sobre el liderazgo, y a Laurence Gamlen, quien fue de mucha ayuda en calidad de consultor en la iglesia St. Helen. También agradezco a Wycliffe Hall, por haberme dado permiso para ausentarme con el fin de realizar esta segunda edición. Así mismo, agradezco a mi esposa Cathy, por su destacable sabiduría y apoyo incondicional a lo largo de estos años de aprendiz de líder. A ella le dedico este libro.

Oxford, Reino Unido

Introducción

El liderazgo es importante, muy importante. A todos nos afecta el liderazgo y de muchas maneras, ya sea en nuestros hogares, centros laborales, ciudades o naciones. Los líderes se encargan de que las cosas se lleven a cabo. Se dan cuenta en qué estado se encuentra la organización, vislumbran una visión para un futuro mejor y aprovechan de sus influencias con el fin de desarrollar planes que conduzcan a la organización a ese futuro. En su calidad de líder y mentor, John Guest ha dicho: «Nada se mueve en la dirección correcta sin la presencia de un líder».[1] Por ello, necesitamos muchos líderes y también necesitamos que estos sepan dirigir bien. Los líderes tienen la posibilidad de mejorar las vidas de mucha gente, siempre y cuando cumplan bien su papel de líder; lo contrario también es cierto, cuando cumplen una mala labor, mucha gente sufre las consecuencias. Así que, es importante que tomemos con seriedad la labor del líder y contribuyamos con nuestra parte para fomentar el surgimiento de muchos líderes competentes. Anhelamos que los líderes utilicen los dones que Dios les ha dado para producir el mayor bien posible. Anhelamos que se sigan superando como líderes y que sigan aprendiendo lecciones que les permitirán seguir siendo líderes cada vez más hábiles y eficaces. Además, anhelamos que logren ser una gran bendición para aquellos a los que sirven y así glorifiquen a Dios. Que los líderes sepan dirigir bien es algo que beneficia a todos.

El interés que tengo por el liderazgo se remota a cuando era muy joven. Siempre tuve una fascinación por los líderes, ya sean mis

---

[1] Agradezco a John Guest por haberme compartido este concepto y por todas las demás maneras en que me ayudó a superarme como líder.

propios padres, mis maestros, pastores o la vida de tantos líderes que escuchaba en los medios sociales. Intentaba entender sus vidas y lo que hacían. La primera vez que ocupé un cargo de liderazgo cuando era adolescente sucedió en un colegio cristiano; fue allí donde intenté imitar a los líderes que conocía. También empecé a leer libros sobre liderazgo, como el de J. Oswald Sanders, *Spiritual Leadership*. Me sorprendió saber cuánto se requiere para lograr ser un buen líder: conocimientos amplios, muchas habilidades y un carácter de gran calidad. Seguí con mis lecturas mientras ocupaba otros cargos de liderazgo y me vine a dar cuenta lo importante y complejo que es el liderazgo. Pero, mientras proseguía con mis lecturas sobre el liderazgo, hubo un libro que se me hizo imposible encontrar: un libro que pusiera todo el ciclo de vida del liderazgo, desde su inicio hasta su final. Quería descubrir dónde debía yo empezar, cuál era el siguiente paso, qué sucede luego, hasta llegar a la meta final. Quería ver todo el panorama en el que cada aspecto del liderazgo encajara, si es que aquel libro existía.

Luego de seis años al mando de una iglesia en el oeste de Londres, mi familia y yo nos mudamos al Trinity School for Ministry en Pittsburgh, Estados Unidos, con el fin de impartir clases de teología a aspirantes al liderazgo pastoral. Anteriormente pude visitar Trinity durante un tiempo de licencia por estudios, luego de haber cumplido diez años en el ministerio ordenado en Londres, y descubrí una compatibilidad inusual. Por ello, tuve el placer de poder impartir clases allí cuando se abrió una plaza docente. Uno de mis colegas del Trinity impartía clases sobre liderazgo cristiano y me pidió que compartiera con sus alumnos lo que había aprendido respecto al liderazgo en la iglesia St. Helen, en North Kensington. Fue un reto fascinante. Me hizo reflexionar y recordar aquellos fugaces años y la manera en que debía describir mis experiencias a aquellos alumnos de una forma que sea útil para sus propios cargos como líderes. Para sorpresa mía, fue muy difícil hacerlo. Por un lado, se trataba de una constante serie de cultos religiosos y reuniones, de correos electrónicos y eventos, de tiempos de oración y predicación, de éxitos y fracasos, y de aquel lento proceso de darme cuenta de lo que debía yo hacer. Todo me parecía un proceso al azar. Por otro lado, hubo la sensación de que una temporada conducía a otra y luego a una tercera y así sucesivamente, hasta llegado el tiempo en que debía cambiar de rumbo. Hubo señales de etapas muy claras durante aquel tiempo intenso y emocionante. Se me pidió que impartiera la conferencia al año siguiente, lo cual me permitió refinar mis ideas. Logré mejorarlas incluso más luego de dar otra conferencia un año más tarde. Logré abordar el tema con mayor claridad luego de impartir clases sobre liderazgo en contextos diversos. Empecé a darme cuenta de las cinco principales fases del liderazgo durante mi tiempo en la iglesia de St. Helen. Luego, estudié el trabajo de otros investigadores y me di cuenta de que tenían el mismo patrón. Decidí conversar respecto a estas fases con otros líderes que conocía, incluyendo con aquellos que ocupaban puestos de liderazgo auxiliar y que brindaban apoyo a un líder superior, así como yo me encontraba haciendo y descubrí mucho en común. Quizá esto haya sido el comienzo de aquel libro que tanto quería que alguien escribiese.

Las cinco fases del liderazgo

Las cinco fases que surgieron a partir de estas reflexiones son las siguientes:

- ganarse la confianza de la gente
- desarrollar líderes
- discernir la visión
- llevar a cabo planes
- saber retirarse del proceso

Estas son las fases del liderazgo por las que los líderes normalmente tienen que atravesar y cada una de ellas juega un papel crucial. Nada sustancial puede suceder hasta que se haya logrado ganar la confianza de la gente. Se tendrá que identificar, preparar y movilizar a otros líderes en distintas tareas para que el rango necesario de actividades llegue a suceder. Se necesitará una visión para aclarar lo que uno intenta lograr, junto con un claro propósito donde se afirme lo que uno quiere lograr, además de los valores fundamentales que expresen la manera en que uno quiere que se logren los objetivos. Entonces, se deben redactar planes con el fin de convertir ideas en iniciativas que lleven a poner en práctica la visión. Finalmente, los líderes deben saber cuándo su labor ha terminado con el fin de retirarse del proceso. El liderazgo sin el elemento de confianza es sencillamente imposible de realizar; sin la presencia de otros líderes, la amplitud de la operación será muy limitada; sin la visión, será muy difícil ofrecer un sentido de dirección; sin planes, será poco probable que se cumpla la visión; y sin que haya un mecanismo donde el líder se vaya retirando del proceso de una manera adecuada, se perderá parte de la buena labor del líder. Cada fase del liderazgo es importante.

Estas cinco fases del liderazgo son aplicables a toda clase de líderes: capitanes de equipos, comandantes de ejércitos, jefes de tribus y presidentes, pero en especial son evidentes en el liderazgo del capitán de un barco. Todo capitán debe saber inspirar confianza en todos los que están a bordo de la nave, con el fin de que se sientan confiados de estar en buenas manos. El capitán debe también saber reclutar una buena tripulación, destacarla a puestos donde funcione bien y colocar los líderes adecuados para cada puesto. El capitán debe también saber hacia dónde se dirige la nave y salvaguardar la ruta todo el tiempo. Debe también dedicarse a implementar los planes de navegación, los suministros para el viaje y enfrentar los retos de cualquier tormenta que se les presente. Debe saber también cuándo llegarán al puerto para que todos desembarquen y se prepare el barco para el siguiente viaje. El capitán requiere confianza, líderes, visión, planes y saber cuándo llegarán a su destino final. De ello se trata la labor del líder.

La imagen del capitán de un barco o, por cierto, la de cualquiera de los demás líderes, nos puede ayudar a entender y aclarar el desarrollo de las fases del liderazgo, y así contribuir a que tracemos nuestro propio rumbo, ya sea como el líder principal o uno que ofrece apoyo auxiliar. Farida Saïdi se ha dedicado a investigar el liderazgo de la iglesia en el Norte de África. Descubrió que las metáforas más comunes entre líderes cristianos en aquella región, muchos de los cuales provienen de trasfondos musulmanes, es jefe o general, policía, papa y rey.[2] Es muy probable que, sea donde nos encontremos cumpliendo la labor de líderes, la cultura dominante nos ofrecerá las principales metáforas respecto al liderazgo, dado que estas serán las que definan la idea de liderazgo en aquel lugar. Sea la imagen que creamos que sea la más adecuada para nuestra labor, es importante que la veamos desde

---

2 Farida Saïdi, *A Study of Current Leadership Styles in the North African Church* (Carlisle: Langham Monographs, 2013), 225.

una perspectiva redimida para el uso cristiano, para que con ello no adoptemos, sin darnos cuenta, los estilos de liderazgo de la cultura local en vez de insistir en nuestro compromiso cristiano. Porque tampoco debemos desarrollar una fijación por alguna metáfora en particular, ya que algunas situaciones requerirán que utilicemos un estilo distinto. Tal como Saïdi ha indicado, a veces la manera de ser del líder requiere que sea más autoritario o más democrático, que permita más participación o que dé más órdenes, que enfatice la interrelación o que se concentre en asignar tareas, y que dé rienda suelta o se concentre en motivar a los demás.[3] Es necesario que adaptemos nuestra manera de hacer las cosas a nuestro contexto y, por cierto, acorde al nivel de madurez de los que dirigimos,[4] si es que queremos llevarlos por una amplia variedad de circunstancias.

Por lo general, estas cinco fases suelen ocurrir en la misma secuencia: ganarse la confianza de la gente, desarrollar líderes, discernir la visión, llevar a cabo planes y saber retirarse del proceso. Solo luego de haberte ganado la confianza y haber desarrollado líderes, podrás discernir la visión juntos y luego de ello llevar a cabo planes para plasmar aquella visión y proseguir así hasta llegado el tiempo que debes salir. Sin embargo, a veces alguien asumirá algún cargo de liderazgo trayendo una visión. Así sucedió con Moisés, a quien Dios le pidió que liberara a los esclavos judíos del cautiverio de Egipto y que los llevara a la tierra prometida (Éx 3.7-10). Moisés ya sabía a dónde llevaría a los israelitas mucho antes de convertirse en su líder. Sin embargo, aún debía ganarse su confianza, lo cual le llevó algo de tiempo luego de un pésimo inicio al haber matado a aquel capataz egipcio (Éx 2.11-14), y luego de tantos altibajos cuando se enfrentó al faraón (Éx 5–12). Además, tuvo que aprender a desarrollar líderes cuando su suegro, Jetro, le recalcó lo importante que era compartir su liderazgo con los demás (Éx 18). Y tuvo también que llevar a cabo el plan para el largo y arduo viaje a aquella tierra que fluye leche y miel, siguiendo la guía de Dios por medio de la columna de nube durante el día y la columna de fuego durante la noche (Éx 13.21-22). Tuvo también que saber cuándo retirarse del proceso,

---

[3] Saïdi, *Current Leadership Styles*, 26.
[4] Walter C. Wright, *Relational Leadership: A Biblical Model for Leadership Service* (Carlisle: Paternoster, 2000), 39.

si bien es cierto que fue algo vergonzoso luego de que desobedeciera a Dios y perdiera el privilegio de dirigir al pueblo a la tierra de Canaán (Dt 34.1-8). Así que, el orden exacto de estas fases podría variar, pero por lo general parece que se dan en la misma secuencia.

Habrá siempre cierta superposición entre una fase y la otra, ya que una podrá continuar luego de que la otra haya empezado, y por eso es más preciso que se llamen «fases» en vez de «etapas» del liderazgo. Ganarse la confianza y desarrollar líderes son tareas constantes de todo líder. Es probable que sea necesario discernir la visión tan solo unas cuantas veces, por decir cada cinco o diez años, e incluso ello quizá sea para ratificar lo que ya se ha estado llevando a cabo. También habrá necesidad de llevar a cabo planes antes de que se discierna la visión, así como también continuar con dichos planes luego de tener la visión, ya que es muy probable que este discernimiento tome tiempo. Retirarse del proceso sucede solamente cuando se ha cumplido con toda la labor, pero todo líder debe estar siempre consciente de que este momento indefectiblemente llegará, para que cuando así suceda la organización se encuentre en buen estado para el siguiente líder que tome las riendas y siga adelante con una pérdida mínima de ímpetu. Así que, estas fases siguen una secuencia pero no en el sentido de que una de ellas debe finalizar antes de que empiece la siguiente. Además, cada una de ellas posee distintos componentes, los cuales veremos luego. Sin embargo, todas estas cinco fases son vitales para la labor del líder y hay que tener siempre presente que todas ellas servirán de ayuda a cualquiera que ocupe un cargo de liderazgo. Permitirá al líder ver todo el bosque a pesar de los árboles.

Los ejemplos que usaré en los siguientes capítulos provienen mayormente de mis experiencias en una iglesia inglesa y un seminario teológico estadounidense, que en otros contextos quizá lleve nombres distintos como el de instituto bíblico. Estas designaciones las he incluido para lograr que las ideas sean más concretas. Sin embargo, su uso es más amplio y para lo cual el lector podrá adaptar estos ejemplos para su situación en particular. Para facilitar más las cosas, recurro a menudo a los términos «iglesia» u «organización» con el fin de que el término «organización» tenga un amplio uso, no solo en el ámbito de las instituciones educativas sino también en los hogares, ministerios, lugares de trabajo y otras clases de organizaciones, grandes y pequeñas.

Además, estoy consciente de que formo parte de la comunión anglicana, la cual posee su propia cultura y terminología, lo cual evidentemente saldrá a relucir de vez en cuando. Por ello, he incluido un glosario al final del libro. Para facilitar su uso en otros contextos y lugares, se ofrecen varios ejemplos provenientes de distintos contextos y países.

Este libro ha sido escrito para ayudar a que los líderes sepan dirigir. Quizá quieras usar este libro a tu propio ritmo, tomando los «ejercicios adicionales» según los encuentres útiles. Así mismo, quizá quieras leer el libro con la ayuda de algún guía espiritual, lo cual enriquecerá bastante esta experiencia. También este libro podrá ser un recurso valioso para un grupo de líderes, donde quizá puedan estar presentes aquellos que ocupan cargos parecidos. Si formas parte de un equipo de trabajo o el personal de un ministerio, o formas parte de la directiva de un colegio, instituto o seminario, o posees un cargo de supervisor como el de obispo o superintendente, este libro será útil para el uso de la directiva mayor, con grupos de pastores o equipo de empleados. Sea como quieras usarlo, espero que te sea útil y valioso con el fin de promover el firme avance de la misión de la iglesia o la organización.

Con esta presentación en mente, pasemos ahora a ver cada una de las fases del liderazgo.

Ganarse la confianza de la gente

Durante los primeros años de la década del 2000 fui el párroco o pastor principal de la iglesia St. Helen en North Kensington, al oeste de Londres. Fue un tiempo de muchos retos y alegrías. Rememoro aquel tiempo pasado con una profunda gratitud, especialmente por los últimos tres años cuando tantas cosas emocionantes se suscitaron. Pero, también me pregunto si, al haber estado consciente respecto a la manera en que se desenvuelve el liderazgo, habría podido ser más productivo y haber sufrido de menos ansiedad, especialmente durante mis primeros tres años. Por ejemplo, al recién empezar mi labor pastoral, me percaté de que había muchas cosas que requerían urgente atención y estaba consciente de los peligros que implican apurarse a llevarlas a cabo y así empeorar la situación en vez de mejorarla. Pero, me preguntaba cuánto tiempo debía yo dejar de pasar antes de que pudiese conversar respecto a mover el mobiliario de la iglesia, cambiar los horarios del culto o asignarle a la gente otros cargos de liderazgo. Había tanto que hacer que ni siquiera podíamos hablar del destartalado salón parroquial, de volver a empezar el ministerio de jóvenes o volver a intentar plantar una congregación. Es cierto que hay cosas que uno no debe intentar hacer cuando empieza a dirigir una iglesia y que tiempo más tarde descubrimos su pleno sentido, ¿pero cuánto tiempo debe uno seguir teniendo un progreso muy lento? Y, ¿cuál es el camino que debe conducirme desde donde yo me encuentro hasta donde yo quisiera llegar?

Aquel dilema me trae a la memoria cuando tenía diez años y me preocupaba que si toda mi generación y yo seguíamos creciendo al mismo ritmo de ese momento y nos deteníamos a los dieciséis años, seríamos mucho más bajos que las generaciones anteriores. Claro, desconocía los estirones de la adolescencia. Lo cierto es que el ritmo de crecimiento puede aumentar con el paso del tiempo. Este hallazgo no se puede descubrir por deducción lógica. Proviene de la experiencia, de la nuestra y de los demás. Los líderes querrán saber que el cambio puede ocurrir con mayor velocidad una vez que se ganen la confianza de la gente y ello puede ayudarlos a que tengan más paciencia y se concentren en consolidar relaciones.

Cuando rememoro el tiempo que pasé en St. Helen desde el punto de vista de un tutor de instituto teológico, me fui dando cuenta de que había atravesado por las cinco fases del liderazgo, y que volví a ver aquellas mismas cinco fases cuando asumí la dirección general del Trinity School for Ministry. Y las veo repetirse ahora que soy el vicerrector del Wycliffe Hall. Estas fases han sido corroboradas en muchas conversaciones con líderes de otras instituciones y gracias a haber podido leer las biografías de líderes. Pero la primera y más imprescindible fase para todo líder es ganarse la confianza de la gente. Así que, empecemos con este importante punto.

Ganarse la confianza de la gente: un caso práctico

Cuando llegué a la iglesia de St. Helen, la congregación había estado sin su pastor principal por casi dos años. Había sido un tremendo reto mantener con vida a la iglesia, con todas sus complejidades, durante tan largo e inusual tiempo. Los que ocupaban cargos de liderazgo sintieron la carga con mayor intensidad y se sentían emocionalmente agotados. Al momento de mi llegada, revisé los registros de asistencia y noté que durante el primero de aquellos años la congregación había perdido un tercio de sus miembros. Las ofrendas también se redujeron un tercio. Decidí no investigar el segundo año porque el asunto era demasiado deprimente.

Había también muchos problemas pendientes. Algunos de ellos era asuntos muy comunes: el teléfono había dejado de funcionar, el aparato de sonido no funcionaba adecuadamente, y el cableado estaba en malas condiciones. Durante el importante evento en la noche, cuando celebrábamos un culto para dar inicio a mi ministerio en St. Helen, alguien encendió un interruptor y todas las luces se apagaron.

La iglesia tenía también otros problemas. Había una fuga de agua, la cual había incurrido en un tremendo recibo del agua. El consejo de la iglesia no sabía cómo solucionar este problema. Los dos miembros más veteranos, los capilleros, creían que tenían la obligación de pagar la factura, lo cual les era imposible. Además, solo quedaba un grupo que se reunía en casa; gran parte del liderazgo se encontraba en sus setenta u ochenta años; el culto de los domingos requería una revisión para que tenga más fluidez; y la larga lista continuaba. Todos estos problemas generaban estrés y ansiedad. Había mucho que hacer y yo acababa de llegar. ¿Por dónde debía empezar?

Lo primero que hicimos fue empezar reuniones diarias de oración para todos los que pudieran participar. Recurrimos al uso de la liturgia anglicana por medio de las laudes y las vísperas, cuyo valioso uso había descubierto durante mi labor de párroco en la iglesia de St. John, en Hyde Park. En esta liturgia teníamos a nuestra disposición modelos de oraciones y lecturas bíblicas, además de la oportunidad de oraciones espontáneas durante las intercesiones. Ofrecimos a Dios nuestro trabajo al empezar el día y le confiamos al Señor los retos y necesidades de la iglesia al terminar el día; dejamos nuestras cargas al pie de la cruz. Con ello recordábamos constantemente que Cristo es la cabeza de la iglesia, no nosotros, y que lo que más necesitábamos era su guía y provisión diaria y el poder de su Espíritu Santo.

Esto nos sirve como ejemplo de que incluso antes de la etapa de formación de la visión, el líder puede asignarle a ciertos asuntos mayor prioridad. Cuando el arzobispo Justin Welby asumió la dirección de la comunión anglicana, anunció que sus prioridades serían la renovación de la oración y la vida religiosa, la reconciliación, la evangelización y el testimonio cristiano. Estas prioridades han guiado con toda claridad su liderazgo y así mismo han mostrado a los demás hacia dónde invertirá sus energías. También, en cualquier posición de liderazgo será útil concentrar esfuerzos en ciertas áreas, lo cual de seguro que mejorará la salud de la iglesia u organización. En mi caso, fueron la oración, la predicación y la hospitalidad.

Luego de ello, empezamos a renovar nuestros cultos dominicales. Los lunes en la noche me reunía con el líder encargado de dirigir los cultos, con los que anunciaban los himnos, los que ofrecían la lectura bíblica y dirigían las oraciones de intercesión durante los dos cultos de la mañana, el evangelista de la parroquia cuya responsabilidad eran las nuevas visitas, y el coordinador de la atención pastoral, quien nos pondría al día respecto a aquellos que atravesaban por necesidades particulares. De todos los mencionados, solo el que dirigía los cultos era personal remunerado. Todos los demás eran voluntarios. Cuando Ian Dowsett se unió al equipo en calidad de párroco o pastor asistente, empezó a asistir a estas reuniones de planificación. Solíamos revisar el culto del día anterior y planificar el culto del domingo siguiente. Cada uno de estos pasos era muy útil. La evaluación que realizábamos nos daba la oportunidad de revisar cualquier problema que hubiésemos tenido en el culto del domingo y así poder hacer cambios en el futuro, en vez de intentar resolverlo durante los ajetreos de la mañana. El orden preliminar del culto para el siguiente domingo nos permitía mejorar los cultos que la congregación celebraba. Esta parte de la reunión empezaba con un estudio bíblico en torno al pasaje del sermón, lo cual era de mucha ayuda para mí como predicador en términos de la interpretación, ilustración y aplicación de aquel pasaje. Luego orábamos los unos por los otros y por la congregación. Dado que los que estábamos presentes en la reunión eran los principales líderes, teníamos la oportunidad de realizar cambios con más rapidez de lo que yo hubiese logrado soñar por mí mismo. Además, ello significaba que empezaba a conocer a los líderes, aprendía de ellos y me ganaba su confianza.

Le otorgué a la predicación una alta prioridad desde el principio, porque estaba convencido de que de ello se trata la labor del ministerio ordenado y que Dios lo usa para el bien de todos y de innumerables maneras. Empezaba con la preparación del sermón el domingo en la tarde, dado que no teníamos cultos en la noche. Luego, ofrecía oraciones para el estudio del pasaje de la Biblia, realizaba la traducción y la investigación de los comentarios con el fin de encontrar el tema central y los puntos principales, y alistaba toda la información para la reunión del lunes en la noche. Al empezar así, con antelación, tendría la mayor parte de la semana para meditar en el pasaje y buscar ilustraciones y aplicaciones. El miércoles en la mañana escribiría el sermón, por lo general en formato de bosquejo o resumen. Prefiero este formato para predicar, lo cual me fue muy útil más adelante cuando tuvimos más reuniones en los hogares. Aprovecharon las notas de mis bosquejos en aquellas reuniones, además de las preguntas prácticas que añadí. Luego, el sábado en la noche revisaría el sermón y haría las correcciones necesarias, a veces enmiendas muy grandes. Y así me prepararía con su contenido para predicarlo el domingo en la mañana. A veces practicaba el sermón desde el púlpito, ya que la iglesia se encontraba a lado de la casa parroquial. Esto me era de mucha ayuda. Aquel tiempo dedicado a la preparación del sermón y estar inmerso en la Palabra de Dios fue profundamente alentador para mí, lo cual me recordaba que Dios es confiable plenamente. Además, fue una bendición para la congregación.

Nos propusimos ser hospitalarios invitando a la gente a compartir alimentos con nosotros, especialmente para los almuerzos del domingo. Dada la pequeña cantidad de personas con las que tratábamos, nos fue posible ofrecer alimentos a todo el que se acercase a la iglesia. Y dependiendo de la situación, podíamos invitar a alguien que estuviese visitando la iglesia por primera vez, ya que teníamos alimentos adicionales para una o dos personas más, gracias a la hospitalidad de mi esposa Cathy. Ello demostró ser muy útil para ayudar a las visitas a conectarse con la iglesia. Hubo también ocasiones donde deseábamos tener conversaciones más extensas con miembros de la iglesia, y fue muy positivo el hecho de poder decirles que eran bienvenidos para compartir los alimentos. Si no, la otra opción era reunirnos en algún restaurante durante la semana. Lo cual nos ofrecía la ventaja adicional de conectarnos con los negocios y la gente local quienes no necesariamente tenían alguna relación con la iglesia. A veces ello condujo a conversaciones pastorales o evangelísticas.

Durante la semana me dedicaba a hacer visitas pastorales, conocer el vecindario y asistir a reuniones relacionadas a la iglesia y la comunidad. Poco a poco fui conociendo los problemas prácticos que eran la causa de tanta aflicción. Ello implicaba realizar muchas llamadas de teléfono a personas y empresas que estuvieran dispuestas a brindarnos alguna ayuda. Una de aquellas llamadas que recuerdo con afecto fue la que hice a la municipalidad, que envió a uno de sus empleados para que inspeccionara la causa de la fuga de agua. Descubrieron que las raíces de uno de sus árboles había sido la causa, así que decidieron pagar el gasto de reparación. Fue un gran alivio.

Haciendo memoria de aquellos tres o más años, me di cuenta de que todo giró en torno a ganarse la confianza de la gente. Necesitaba tener paciencia para conocer la vida de la iglesia y atender sus tantos problemas antes de que empiece a pensar en una visión a largo plazo o cómo reiniciar una iglesia cerca a la nuestra, tal como nuestro obispo, Michael Colclough, nos había solicitado que hagamos. El líder de una catedral en Carolina del Sur, Estados Unidos, nos describió una experiencia similar durante su liderazgo allí: «No puedes ponerte a pensar en el futuro a largo plazo o incluso planificar tus vacaciones con alguien que se encuentra en cuidados intensivos». Esta manera de describir la situación nos fue de mucha ayuda. Y mientras trabajábamos en aquellos problemas y tuvimos inicialmente pequeños logros, nos dimos cuenta de que el nivel de angustia disminuía y el grado de confianza aumentaba.

De ninguna manera esta es la primera vez en la que, al ocupar un cargo de líder, he tenido que tratar asuntos prácticos. Cuando me encontraba impartiendo clases acerca de estos principios en el Anglican Leadership Institute en Carolina del Sur, Estados Unidos, tuve la oportunidad de conocer a Francis Barongo, quien sirve en la diócesis de Bunyoro-Kitara en Uganda y ha tenido que manejar muchos problemas parecidos pero a una escala mucho mayor. Cuando asumió su nuevo cargo, descubrió que su iglesia principal tenía puertas que no cerraban, algunos baños les faltaban puertas, no había cocina y todo el lugar sufría de un impactante estado calamitoso de suciedad. En calidad de arcediano, tenía a su cargo la reparación de las casas de los demás líderes de la iglesia en aquella área y, entre otras cosas, la obtención de motocicletas para ellos. Con satisfacción Francis me contó que al momento de nuestra conversación, siete de los ocho líderes de las congregaciones ya tenían motocicletas. Aquella clase de atención respecto a asuntos prácticos logra que uno se gane la confianza de la gente y afirme las relaciones para el futuro, cuando podamos darle tratamiento a otras prioridades. Para Francis, ello significó mayormente ser capaz de ofrecer a sus líderes oportunidades para más entrenamiento.

Poco a poco fuimos superando la primera etapa del cambio de rumbo y nos fue posible concentrarnos más en nuestra misión al vecindario. La diócesis de Londres se encontraba entrenando a iglesias locales en la implementación de sus misiones y el obispo Michael había invitado a la iglesia de St. Helen a que participara. Se trataba de un buen ejemplo acerca de obispos que dirigen a su iglesia en las misiones. Había yo tomado la decisión previa de tratar la preparación para bautismos, matrimonios y sepelios como oportunidades para la evangelización y tratar el rito de la confirmación como una dedicación para el ministerio cristiano, pero no había considerado abordar una misión tan pronto. Sin embargo, coincidió que el momento era el ideal. La misión y el Curso Alfa posteriores al entrenamiento resultaron ser un bálsamo para la iglesia y que fue muy útil para que la gente entendiera mejor la fe cristiana, lo cual causó mucho entusiasmo. Al finalizar el curso, los grupos de debate continuaron reuniéndose en casas y bajo el mismo liderazgo, porque se habían organizado antes de las reuniones, lo cual hizo que la tarea del líder no sea abrumadora. También con ello se fortaleció a los grupos en casas.

Muchas de las conexiones que logramos con la comunidad en general sucedieron porque alquilábamos el salón parroquial. Se trataba de un gran lugar de reunión poco común para una zona de Londres donde hay escases de estos lugares. Sin embargo, el salón se encontraba en un estado precario y no teníamos el dinero para repararlo. Necesitaba mucho más que una mano de pintura. Requería más baños, una cocina mejor y mucho más. De hecho, se había deteriorado al punto de que otros grupos que se solían reunir allí había encontrado mejores alternativas. Una de aquellas pérdidas fue muy dolorosa para nosotros. Significó la pérdida de ingresos por alquiler que equivalía a un tercio de nuestro presupuesto anual.

Al poco tiempo, me encontraba conversando con la directora de un colegio Montessori que solían usar el salón parroquial para algunos eventos. Me comentó que si el salón estuviese en mejor estado, lo usarían con mayor frecuencia. Luego descubrí que los miembros del consejo directivo de aquel colegio asistieron a St. Helen de niños. Cuando me puse en contacto con ellos, me dijeron con toda claridad que tenían mucho interés en usar nuestro salón y estaban dispuestos a invertir en el edificio si se les daba la oportunidad de usarlo durante horarios escolares. Al final, llegamos a un acuerdo. Instalarían tres salones de clases de lo más moderno que hay, con aire acondicionado, lo cual es difícil encontrar en Londres, una nueva cocina, nuevos baños, incluyendo uno con acceso a discapacitados y una ducha. También renovaron el estrado con un nuevo equipo de sonido y luces y rediseñaron los jardines. Con ello no solo se logró renovar el salón que la iglesia y la comunidad podían usar luego del horario escolar, también firmamos un acuerdo de arriendo de veinticinco años, que le dio estabilidad a nuestras finanzas. Además de todo esto, logramos establecer un vínculo más firme con el colegio. ¡Fue una gran transformación! ¡Teníamos tanto de qué agradecer a Dios!

Mientras ganábamos más confianza y superábamos nuestros problemas, empezamos también a considerar la nueva obra que se nos había pedido que reiniciemos. La iglesia de St. Francis y su salón parroquial estuvieron antiguamente bajo la responsabilidad de una iglesia vecina que la había fundado, sin embargo se les hizo imposible mantener a la congregación, así que nos traspasaron el edificio con el fin de que reiniciemos su ministerio. Tanto la iglesia como el salón parroquial se encontraban en un pésimo estado, agua se filtraba dentro del edificio y la vegetación crecía dentro. Pero estaban ubicados en medio de un conjunto habitacional para gente con bajos recursos, lo cual era el lugar ideal para empezar una iglesia.

Decidimos empezar reparando el edificio y ponerlo en un estado en el que pudiésemos alquilarlo a obreros cristianos en el vecindario y a un líder de jóvenes de St. Helen. A la larga, esperábamos tenerlo apto para que un pastor asistente pueda mudarse allí y dirigir la nueva iglesia. Pero las obras en St. Francis pronto se excedieron del presupuesto a pesar de la supervisión de un arquitecto. Encarábamos un déficit igual a la pérdida que tuvimos de los ingresos por alquiler. Y nos enteramos de todo ello la misma semana. Esto significaba que encarábamos un déficit de dos tercios de nuestro presupuesto anual. Fue una semana terrible. Me sentía que había fracasado. Temía que esto afectaría la confianza de mis líderes y que incluso podría causar que la congregación rechace la nueva obra. Por la misericordia de Dios, la confianza que me había ganado estaba bastante establecida y nadie me echó la culpa de haberme excedido en los gastos o la pérdida de ingresos por alquiler. Y el deseo de ver reactivado a St. Francis permaneció intacto.

Las obras de restauración finalmente se completaron y se hallaron arrendatarios. Una iglesia vecina nos ayudó con las pérdidas financieras y envió a uno de sus líderes de jóvenes para que alquile una de las habitaciones. El hecho de haber reparado el salón parroquial significaba que ahora teníamos vínculos más cercanos con aquel complejo habitacional y con los ministerios que alquilaban las habitaciones, que incluía al Ejército de Salvación. También significaba que ahora teníamos vivienda para un líder de jóvenes y con ello podríamos reactivar dicho programa, que había cerrado. Más adelante, aquella casa parroquial se convirtió en el hogar de Ian Dowsett, quien junto a su esposa Ruth, dirigirían la nueva plantación de iglesia. Esto nos produjo una gran alegría.

Cuando rememoro aquellos años iniciales, me doy cuenta de que cada parte tenía que ver con ganarse la confianza de la gente. Una parte vital de todo esto fue también haber prestado atención a los problemas y haberlos resuelto. Así mismo sucedió con el tiempo que invertí con los miembros de la iglesia, en especial su liderazgo. También fue de ayuda que haya dedicado tiempo a la gente local, como los que usaban nuestro salón parroquial. Cathy también fue codirectora de un comité vecinal que colaboraba con la municipalidad con el fin de renovar un parque local, el cual estaba en estado de abandono y se había convertido en un centro de actividades antisociales. Como respuesta a nuestras oraciones, algo bueno surgió de todas aquellas relaciones.

La manera en que uno se gana la confianza de la gente varía bastante según el contexto. Un plantador de iglesias en la India descubrió que si sencillamente llegaba a un pueblo y empezaba a predicar, sería rechazado. Así que, decidió tener paciencia para ganarse la confianza de la gente ofreciendo clases de guitarra a los niños. Ello le permitió ingresar a los hogares de donde provenían los niños, donde conoció a sus familias y les ofreció orar por ellos en el nombre de Jesús. A partir de aquel comienzo, logró establecer una iglesia que ha sido capaz de alcanzar a todo el pueblo. Los evangelistas en la India han descubierto que orar por la gente, especialmente por sanidad, protección, provisión o liberación, abre la puerta de la fe antes de que se pueda hablar de Jesús como Salvador, luego como Señor y, en última instancia, como Dios supremo. El acto de ofrecer oraciones gratuitas es en sí mismo sorprendentemente distinto a los sacerdotes animistas, que cobran por ofrecer sacrificios de sanidad. En otras partes de la India, la manera en que se gana la confianza de la gente es fundando colegios. En uno de estos casos, un solo colegio fue capaz de fundar siete iglesias en tres años.[1] Tal como dijera el presidente

---

[1] Agradezco al Dr. Finny Philip, director del Filadelfia Bible College, en Udaipur, India, por haberme compartido estas historias.

de los Estados Unidos, Theodore Roosevelt: «A la gente no le importa cuánto sabes hasta que descubran cuánto les importas». Sea donde empecemos, debemos hacerlo ganándonos la confianza de la gente.

Aquellos primeros años fueron muy difíciles para mí, porque tuve que enfrentarme a una fuerte oposición de parte de algunos miembros de la iglesia debido a varios cambios que hicimos. Me sentí muy feliz de haber recibido el apoyo de mi obispo y de otros líderes de la diócesis, de los pastores locales de mi propia denominación y de otras, de líderes de la iglesia y de otros más que me brindaron su apoyo a lo largo del camino. Me reuní con muchas personas y grupos para charlar acerca de nuestra labor, incluyendo mi consejero espiritual, David Prior, y entonces me reunía con ellos para compartir ideas y orar. Agradezco también haber podido estar estudiando para mi doctorado en aquel tiempo, y además la facultad y los alumnos del King's College, en Londres, fueron una gran bendición. Cathy me brindó un gran apoyo. Todas estas relaciones fueron una gran ayuda para mí, especialmente durante aquellos difíciles años.

Ganarse la confianza de la gente: los ingredientes

Cada aspecto del liderazgo contiene un elemento de confianza, dado que aquel depende de la influencia, y ésta depende de las relaciones, y éstas dependen de la confianza. Lograr descubrir cuál es la situación actual de la iglesia u organización implica confianza, desarrollar líderes para que se incorporen a nuestra labor implica confianza, discernir una visión para el futuro implica confianza, y llevar a cabo planes que nos dirijan hacia ese futuro también implica confianza. La confianza es vital para todas estas cosas y por lo general toma mucho tiempo en desarrollar. Si un líder ya es conocido por aquellos a los que dirigirá, esto le servirá de ayuda y tendrá un buen comienzo. Este no fue mi caso cuando llegué a la iglesia de St. Helen, y es muy común que los líderes tengan que ganarse la confianza desde cero.

Entonces, ¿qué se necesita para ganarse la confianza de la gente? ¿De qué manera logra el líder llegar a ser alguien en quien se puede confiar? Se trata de una gran interrogante para líderes que tengan cualquier nivel de responsabilidad e involucra cada uno de los aspectos del discipulado cristiano. Una de las maneras de conseguir los ingredientes principales para ganarse la confianza de la gente es observar la gran descripción que se ofrece de un cristiano maduro, es decir, el fruto del Espíritu: «En cambio, el fruto del Espíritu es amor, alegría, paz, paciencia, amabilidad, bondad, fidelidad, humildad y dominio propio. No hay ley que condene estas cosas» (Gá 5.22-23). Estas son las cualidades que, en su conjunto, hacen que alguien sea digno de nuestra confianza.

Obviamente, con ello no queremos decir que solamente los cristianos son dignos de confianza o que el Espíritu Santo es el único medio por el cual alguien puede ser confiable. La Biblia nos dice que todos hemos sido hechos a la imagen de Dios (Gn 1.27) y hasta cierto punto refleja cualidades divinas como las que se describen en el fruto del Espíritu. Además, cualquiera puede esforzarse y formarse para ser más confiable aprendiendo de la sabiduría de los demás y aprendiendo de los propios errores. Lo que ofrecemos a continuación tiene dos partes. La primera de ellas es una descripción de las sólidas cualidades de la gente confiable y que refleja las características de una vida devota a la que otros aspiran lograr y que es una de las razones de todo buen líder. La segunda de ellas es la manera en que los cristianos perciben la presencia del Espíritu Santo en sus vidas, que los anima y desarrolla aquellas cualidades. Es un recordatorio que el cristianismo no consiste principalmente en cumplir reglas e intentar agradar a Dios, sino que es una relación con Dios en calidad de nuestro Padre celestial, lo cual significa que el Espíritu de Dios opera en nuestras vidas con el fin de transformarnos más como Jesús. Intento aquí mostrar la manera en la que la obra del Espíritu Santo puede hacernos más confiables.

La formación del carácter que produce líderes cristianos confiables es principalmente la obra del Espíritu Santo; es de vital importancia que no nos olvidemos de ello. Es cierto que tenemos obligaciones importantes que cumplir, como escuchar la Palabra de Dios y esforzarnos por seguir sus mandamientos con la ayuda del pueblo de Dios, pero necesitamos al Espíritu Santo para que haga el trabajo más pesado de la formación de nuestro carácter. Cuando nos mudamos a Pittsburgh, compramos una casa con jardín. Los antiguos dueños nos vendieron su podadora de césped. Era una vieja y oxidada podadora a motor de combustión pero aún servía. Podar el césped es trabajo duro.

Aunque teníamos poco césped, recuerdo que quedaba yo exhausto luego de empujar el aparato por todo el jardín. Al tercer año de todo este suplicio, me empecé a preguntar si quizá necesitábamos una nueva podadora. Pero, volví a mi tarea de podar el césped. Un día me fijé que había una palanca en uno de los lados del manubrio de la podadora. Anteriormente había tratado de moverla sin lograr conseguirlo. Esta vez tenía muy poco que perder, así que intenté otra vez y la palanca se movió. Al hacerlo, las ruedas delanteras empezaron a moverse por sí solas. Ahora podía sencillamente seguir al paso de la podadora sin esfuerzo, dirigiéndola donde quisiera y así podar el césped. ¡Qué tal transformación! De manera similar, los seres humanos hemos sido creados para que confiemos en la obra interna del Espíritu Santo, que nos anima y nos permite vivir vidas fructíferas. Aún hay mucho trabajo por hacer, pero debemos hacerlo por el poder del Espíritu.

Por ello, tengamos esto presente cuando consideremos cada aspecto del fruto del Espíritu y descubramos cómo se relaciona con la confianza del líder.

Amor

El amor debería ser el motivo que impulse al líder cristiano, aquel amor a Dios que el Cristo crucificado ha revelado, y cuyo poder proviene del Espíritu de amor que opera en nuestras vidas. Se nos llama a amar al Señor nuestro Dios y a nuestro prójimo como a nosotros mismos (Mr 12.30-31). Esto inmediatamente levanta la mirada que se tiene sobre el líder y la deposita en sus seguidores. Tal como ha dicho la apologeta Amy Orr-Ewing: «el liderazgo cristiano jamás debería girar en torno a nosotros mismos. Su propósito final es más ancho y extenso que las ambiciones de cada persona, porque busca que el reino de Dios se establezca en la tierra».[2] Así que, significa que se debe promover aquella clase de ambición que se concentra en la gloria de Dios, en vez de hacerlo por ambiciones egoístas o vanidad (Fil 2.3).

Cuando Jesús les pidió a sus discípulos que se lavaran los pies los unos a los otros y entregaran sus vidas por sus amigos, les mostró este amor sacrificial (Jn 13.14; 15.13). Por tanto, este amor se manifestará

---

[2] Cita que aparece en Michael Green, *Radical Leadership in the New Testament and Today* (Londres: SPCK, 2017), 101.

cuando *sirvan a los demás*, no cuando busquen que los demás los sirvan; debemos seguir el ejemplo de Jesús (Mr 10.45). Tal como los consejeros del rey Salomón sabiamente le dijeron a su hijo Roboán: «—Si Su Majestad se pone hoy al servicio de este pueblo —respondieron ellos—, y condesciende con ellos y les responde con amabilidad, ellos le servirán para siempre» (1R 12.7). Ello requiere que se preste atención a la gente, conocerlos tanto a ellos como a sus familias, su historia y su mundo. Significa que debemos acordarnos de sus nombres y estar al tanto de lo que acontece en sus vidas, en sus hogares y en sus trabajos. Ello quizá requiera que se tenga a mano una libreta de apuntes durante el inicio, y esto te ayudará a que ellos ganen más confianza en ti como líder. Este amor sacrificial también será vital para el ministerio de predicación y enseñanza. Jugará un papel crucial cuando dirijas a la gente hacia los propósitos de Dios que, dicho sea de paso, según han señalado los expertos en liderazgo Henry y Richard Blackaby, es la meta del liderazgo cristiano.[3] Así que, el amor juega un papel prioritario en la formación del carácter del líder cristiano y es una invocación al liderazgo servicial, concepto que ha ganado popularidad en la teoría del liderazgo producto del trabajo de Robert Greenleaf.[4]

Este amor significa también que te impulsará a conocer lo más que puedas de la historia de la iglesia u organización y de su entorno, con el fin de comprender mejor y discernir lo que sucede en el presente. De ello se trata lo que los expertos en liderazgo denominan «dar sentido», aquella función vital que te llevan a comprender los problemas que tendrás que tratar. Este conocimiento debe conducirte principalmente a la oración, a veces acompañado de otras personas, pero a menudo orarás por ellas. He descubierto que me es útil mantener una lista para mis oraciones diarias, de esta manera no me olvidaré de las necesidades de la gente. Cuánto impacto produce que seamos capaces de decirle a alguien: «estoy orando por ti cada día». Es una simple expresión de amor pero con un profundo significado. Y mientras más escuchemos y oremos, más amaremos. Así que, el amor no es principalmente un

---

[3] Henry and Richard Blackaby, *Spiritual Leadership*, ed. rev. (Nashville: Broadman & Holman, 2011), xiv.

[4] La primera vez que presentó esta teoría fue en un ensayo escrito en 1970, «The Servant as Leader», que fuera extensamente revisado en 1973 y publicado en Cambridge, MA: Center for Applied Studies.

asunto de los sentimientos sino de servicio, un amor servicial. Y aquel amor yace en lo más profundo de la confianza que queremos ganarnos, lo cual produce un líder que la gente desea seguir.

Alegría

La alegría es otra característica del fruto del Espíritu. Tenemos el privilegio de seguir a un salvador resucitado, quien gobierna todas las cosas. Sabemos que incluso la muerte no es el fin de todo y que «ningún ojo ha visto, ningún oído ha escuchado, ninguna mente humana ha concebido lo que Dios ha preparado para quienes lo aman» (1Co 2.9). Los retos que nos presenta el liderazgo no deberían desanimarnos y abrumarnos si es que nos aferramos a estas grandes verdades. Nuestras vidas pueden disfrutar del gozo incluso en momentos de gran dificultad, cuando escasea la felicidad de este mundo, tal como dijera el apóstol Pablo: Alégrense siempre en el Señor. Insisto: ¡Alégrense!» (Fil 4.4). En 2019, Michael Green, quien fuera un gran líder y evangelista cristiano y que logró ministrar por todo el mundo, dejó este mundo para estar con su Señor. Su centro de operaciones estaba ubicado en Wycliffe Hall en la etapa final de su ministerio, así que tuve el privilegio de pasar tiempo con él en aquel lugar. Hay muchas razones por las que se le echa de menos, pero lo que yo echo de menos es aquella contagiosa alegría que llevaba por donde fuese. Aquella alegría es uno de los dones que los líderes traen con su ministerio, que nace del Espíritu Santo. Poseemos una confianza silenciosa respecto a un futuro mejor, y ello ayuda a que nos ganemos la confianza de la gente.

Esta alegría significa que tenemos el privilegio de alabar y adorar a Dios y dirigir a los demás hacia la alabanza y adoración en todas las etapas de la vida. Podemos fomentar esta alegría reconociendo cada día las bendiciones que recibimos y concentrando nuestra atención en la bondad de Dios, en las respuestas a nuestras oraciones y en aquellas cosas que nos generan una sonrisa. Mi lista de oraciones diarias incluye una parte donde agradezco a Dios por haber respondido a mis oraciones con el fin de fomentar aquella actitud alegre. Dos de las cosas que alientan a vivir la vida cristiana son: tener siempre presente las bendiciones de Dios y elogiar a la gente cada vez que realizan un buen trabajo. También ayuda a que la gente logre confiar no solo en nosotros como líderes sino también en Dios y en su fidelidad. Debemos tener la costumbre de distanciarnos de nuestros problemas presentes y dedicar tiempo a agradecer a Dios por toda buena dádiva y así fomentar una actitud agradecida (Ef 5.20). Todo ello ayuda a la gente a que mantenga una disposición positiva, como si fuesen el aire de una boya que nos mantiene a flote. Que se diga de nosotros lo mismo que se dijo del evangelista estadounidense Dwight L. Moody: «es imposible estar descorazonado y abatido en su presencia».[5] Que logremos fomentar este gozo significa que nos es posible reír. Nos permite mantenernos positivos en medio de situaciones desafiantes, lo cual nos ofrece toda una gama de beneficios para nuestra efectividad y nuestras interrelaciones, tal como el Dr. Martin Seligman mostrara en su libro *Learned Optimism*.[6] Entonces, que el Señor nos otorgue aquella alegría inspirada por su Espíritu, que nos haga ser una fuente de gozo y nos permita mejorar y ser líderes más confiables.

Paz

Con aquel amor y aquella alegría viene la paz, paz que supera todo entendimiento (Fil 4.7). Es una paz que significa bienestar y armonía, y que se le opone a las obras de la carne como la enemistad, el conflicto, la rivalidad, la disensión y escisión (Gá 5.20). Esta paz se cimienta en la ascensión de Jesucristo, quien intercede siempre por nosotros (Heb 7.25) y está presente con nosotros por medio del Espíritu Santo (Ef 4.3). Nuestro liderazgo está siempre sometido al liderazgo de Cristo, ya que él es la cabeza de la iglesia (Col 1.18) y Señor de todo (Mt 28.18). Intercede por nosotros y nos guía por medio de su Palabra y su Espíritu. Así que, ¡no todo depende de nosotros! Nuestra obligación es ser fieles al llamado de Cristo y cumplir con lo que nos ha dicho, aunque todo ello no se considere un éxito según las normas del mundo. Tenemos la responsabilidad de buscar la voluntad de Dios y esforzarnos por ceñirnos «conforme al corazón de Dios», así como fue el rey David (Hch 13.22). De esta manera, solo Dios recibe la gloria, que es donde debe estar, en vez de que los líderes se saturen de orgullo, que los hará caer (Pr 16.18).

Esta paz ayudará a que los líderes no los paralice *la ansiedad* y el temor, sino más bien aprenderán a reconocer la ansiedad que sufren

---

5 Citado por Blackaby, *Spiritual Leadership*, 362.
6 Martin Seligman, *Learned Optimism* (Boston: Nicholas Brearley, 2018).

y entregársela en las manos del Señor, porque Dios cuida de nosotros (1P 5.7). Tal como el himno que escribiera Joseph Medlicott Scriven: «¡Oh qué amigo nos es Cristo! / él llevó nuestro dolor; / Él nos manda que llevemos / todo a Dios en oración».[7] De esta manera, podemos aprender a ser lo que Edwin Friedman propuso en su modelo de sistemas de familia, «una presencia libre de ansiedad»,[8] es decir, gente que imparte un sentido de calma a una situación de ansiedad y ayuda a los demás a superarla. Nadie quisiera estar en un avión donde el piloto sufre un ataque de pánico cuando se atraviesa por un área de turbulencias. Queremos oír una voz que nos tranquilice, nos calme y nos haga saber que no hay nada de qué preocuparnos, excepto si de hecho hay una crisis para la que debemos prepararnos. Tal como los investigadores de las teorías de la gestión administrativa han descubierto, el estado anímico de los líderes afecta a sus seguidores con lo que denominan «contagio del estado de ánimo».[9] Cuando nos es posible estar en paz en medio de una tormenta, esto ayuda a los demás a pensar calmadamente y con claridad, y a no reaccionar impulsivamente. Aquella paz es un gran don de Dios a la iglesia y, por ende, al mundo y esto también produce que ganemos más confianza.

Paciencia

La cuarta característica es la paciencia, la cual es una cualidad vital que posee todo líder lleno del Espíritu y que a menudo se logra desarrollar con el paso del tiempo. La paciencia es un aspecto del amor, porque «el amor es paciente» (1Co 13.4). Consiste en otorgar el don del tiempo a uno mismo y a los demás. Toma tiempo para que un líder se logre establecer, toma tiempo para que otros surjan como líderes, y toma tiempo para darse cuenta cuáles cambios serán mejorías y la manera en que deben llevarse a cabo. También toma tiempo para que nosotros mismos nos convirtamos en los líderes que Dios quiere que

---

[7] Joseph Medlicott Scriven, "What a Friend We Have in Jesus" (1855). Traducido al español por Bernardo Garza Mora (1854-1938), «¡Oh, qué amigo nos es Cristo!» (s.f.).

[8] Edwin H. Friedman, *A Failure of Nerve: Leadership in the Age of the Quick Fix* (Nueva York: Seabury, 1997).

[9] Daniel Goleman, Richard Boyatzis y Annie McKee, "Primal Leadership," en Harvard Business Review, *HBR's 10 Must Reads On Emotional Intelligence* (Boston: Harvard Business Review Press, 2015), 25.

seamos. Así que, ya sea que nos guste o no —debo admitir que a mí no me gusta— necesitamos tener paciencia. De hecho, si insistimos demasiado o muy pronto, quizá tan solo aumentemos la resistencia al cambio ahora y en el futuro, como si quisiéramos forzar una puerta automática. Si bien a veces se necesitan cambios inmediatos cuando uno asume un nuevo liderazgo, por lo general se recomienda evitar cambios radicales durante los primeros años.

Tomarte el tiempo para saber por qué las cosas son como son es un acto de amor y respeto y evitará que hagamos cambios de los que nos arrepintamos más adelante e incluso descubrir que estamos en la incómoda postura de tener que retroceder en nuestras decisiones. Cuando la confianza es recíproca, ello demuestras cierto grado de confianza en aquellos que tomaron decisiones y aún están presentes. Recuerda que cuando nos vayamos estableciendo cada vez más, el cambio ocurrirá con mayor rapidez. Los líderes sencillamente tendrán que vivir con cierto grado de incertidumbre y algunas veces tendrán que esperar para ver que las cosas se solucionan. Quizá sea necesario que bajes la velocidad dedicándote a otros asuntos, quizá dedicándote a mejorar tus relaciones con gente dentro y fuera de la iglesia, continuar tus estudios como yo lo hice o participar de otras iniciativas dentro o fuera de la organización que diriges, para que dejes que las cosas se desarrollen al ritmo que Dios quiere. Necesitamos recordar aquel viejo refrán «a más prisa, menos velocidad» y aprender a trabajar según el tiempo asignado por Dios. Esto también hará que seamos buenos líderes.

Amabilidad

La amabilidad también es necesaria en un líder. También es un aspecto del amor, ya que «el amor es bondadoso» (1Co 13.4). Es una cuestión de dar cosas buenas a los demás, así como nuestro Padre celestial nos da cosas buenas (Mt 7.11; Stg 1.17). Requerirá hacerse constantemente la pregunta: «¿Qué cosas podría ser buena para esta persona, este ministerio, esta iglesia o esta organización?» Por tanto, la amabilidad no consiste en decir «sí» a toda solicitud, como algunos pensarán. De hecho, a menudo significa decir «no» o «todavía», lo cual será siempre un mensaje difícil de comunicar. Nos ayuda recordar que la amabilidad de Dios tiene el propósito de conducirnos al arrepentimiento (Ro 2.4), lo cual es fundamental para restituir nuestra relación con Dios y recibir el poder del Espíritu Santo. Y nuestra amabilidad debe jugar un papel vital para que logremos una buena relación con los que dirigimos. Incluye estar dispuesto a perdonar a los que nos han ofendido y saber desarrollar la dureza necesaria para seguir siendo amables y permanecer en el liderazgo por un largo tiempo. El obispo Festo Kivengere, quien jugara un papel clave en el avivamiento que se suscitó en el suroeste de Uganda, tuvo que huir en 1973 para salvarse de la muerte luego de haber criticado la conducta tiránica del presidente Idi Amin. Luego de aquel incidente, escribió un libro titulado *I Love Idi Amin*. No se limitó tan solo a predicar el evangelio del perdón, lo puso en práctica de una manera que le permitió ayudar a la reconstrucción de la nación luego de la caída de Amin. Fue un notable ejemplo de un líder amable.

La amabilidad que solo da cosas buenas, no necesariamente lo que la gente necesita, requiere de *valentía*, la cual es la disposición a hacer lo que creemos que es lo correcto incluso cuando sabemos que enfrentaremos oposición por hacerlo. La valentía es algo indispensable en todo líder. Es fundamental si deseas que tu organización se mantenga en el buen camino cuando las presiones aumenten para que cambie de rumbo y para que tú mismo te mantengas en el camino cuando te enfrentes a grandes retos. A menudo esta valiente amabilidad se aprende inicialmente de nuestros padres o tutores, quienes nos muestran algún aspecto del amor paternal de Dios cuando nos dicen «no» y «todavía». Como adultos, nuestros hogares son también espacios donde seguimos aprendiendo acerca de la valiente amabilidad de parte de aquellos con los que compartimos nuestras vidas íntimas. La valentía también debe desarrollarse a partir de la manera en que tratamos a nuestros amigos, cuando estamos dispuestos a hablar con franqueza los unos a los otros y decirnos la verdad, incluso cuando aquello no era lo que queríamos escuchar. Jesús les dijo a sus discípulos que eran sus «amigos» (Jn 15.15) y ello es algo saludable para los líderes cristianos, siempre y cuando no manifestemos favoritismos. Los investigadores de las teorías de gestión administrativa, James Kouzes y Barry Posner, nos dicen lo siguiente: «uno de los mitos de la gestión administrativa alega que no debemos tener una relación cercana con nuestros subalternos. Que no debemos desarrollar amistades con nuestros colegas del trabajo. ¿Entonces? Pues, descarten aquel mito».[10] Debemos fomentar esta amabilidad donde sea que podamos: en el hogar, entre amigos, en el trabajo. Así que, vale la pena volver a escuchar lo que Dios le dijo a Josué: «¡Sé fuerte y valiente! ¡No tengas miedo ni te desanimes! Porque el Señor tu Dios te acompañará dondequiera que vayas» (Jos 1.9). Esta clase de valiente amabilidad es otra pieza clave que sirve para mejorar el nivel de confianza y desarrollar las relaciones y que forma parte esencial de la labor del líder.

Bondad

La bondad debe ser también la característica de todo líder, palabra que en el Nuevo Testamento a menudo se relaciona con la *generosidad*. De esto se trata el llamado a vivir una vida santa, vida que cada vez más refleje la santidad de Dios (Lv 11.44). A ello se refirió Martín Lutero cuando la describió como una segunda clase de justicia: la santificación, cuando hemos sido justificados, la cual sigue a la primera clase de justicia: la justificación, cuando se nos declara justificados por medio del perdón de pecados. De ello se trata la bondad que Dios fomenta en nosotros además de la que nos ha otorgado. El famoso pastor de la Iglesia de Escocia, Robert Murray M'Cheyne dijo al respecto: «La más grande necesidad de mi pueblo es mi santidad personal». Este llamado podría verse como algo demasiado exigente y puede causar que nos desanimemos, pero más bien debe verse de una manera positiva como si fuese una invitación a tomar con seriedad el llamado a la santidad, porque el Espíritu de Dios obra en nosotros «pues Dios es quien produce en ustedes tanto el querer como el hacer para que se cumpla su buena voluntad» (Fil 2.13). El meollo de este asunto es tener la determinación de hacer lo correcto, de una manera correcta y por las razones correctas. Consiste en hacer lo que creemos que agradará a Dios, en vez de intentar satisfacernos a nosotros mismos o a los demás. Para poder vivir una vida santa sería muy útil tener un grupo o amigo íntimo al que rindamos cuentas. Es importante mantenerse cerca del Señor en oración, leer la Biblia y socializar con otros creyentes, con el fin de poder arrepentirnos cuando cometamos algún pecado y pedir

---

[10] Citado en Blackaby, *Spiritual Leadership*, 359.

diariamente que el Espíritu Santo nos llene de su poder con el fin de cumplir la maravillosa tarea de líder.

Cada vez que estemos dispuestos a que Dios nos moldee para continuar con el proceso de reforma y renovación de nuestras vidas, ello será una bendición no solo para nosotros sino también para la gente que dirigimos. Uno de mis colegas en Trinity nos contó que una vez se encontraba manejando de regreso a casa luego de haber tenido un conflicto con el personal de la iglesia donde ocupaba un cargo de líder. En el camino vio a alguien detenido y con problemas en un neumático de su coche. Decidió seguir su camino porque pensó que tenía cosas más importantes que hacer, pero se sintió culpable y decidió volver para ofrecer alguna ayuda. El conductor del vehículo con problemas resultó ser pariente de un importante miembro de la congregación. Estas experiencias pueden a veces ser difíciles, pero a menudo suscitan una nueva y generosa bondad cuando damos de nuestro tiempo y recursos de una manera sacrificial para el Señor y la obra de su reino, lo cual nos permitirá confiar más en la provisión de Dios para todas nuestras necesidades. Aquella generosidad, junto a la integridad y humildad, resaltan como una característica vital de los líderes, tal como ha observado Rick Warren respecto al trabajo de investigación del consultor Peter Drucker sobre gestión administrativa.[11] Todo esto es un recordatorio de que estas cualidades son importantes no solo para los cristianos, también lo son para todo líder en general.

Fidelidad

La fidelidad del líder juega un papel central para afianzar la confianza. En primer lugar, consiste en una firme fe en Dios y en su Palabra y sus promesas, y en segundo lugar consiste en la fidelidad respecto a nuestras palabras y promesas. En calidad de líderes, se exige correctamente de nosotros una conducta superior respecto a estos asuntos, debido a las responsabilidades que hemos asumido. Debemos ser líderes

---

[11] Rick Warren sobre Peter Drucker y las características de los grandes líderes, conferencia en honor a lo que habrían sido los cien años del nacimiento de Druker. Publicado en inglés por el Instituto Druker: https://www.youtube.com/watch?v=iPH8VpI-H7I, consultado el 13 de noviembre de 2020.

cuyo sí sea sí y no sea no (Stg 5.12). En el trabajo de investigación sobre liderazgo, Kouzes y Posner descubrieron que la pieza clave para ganarse la confianza consiste en que el líder logre hacer lo que dijo que iría a hacer.[12] Debemos tener cuidado de no tomar a la ligera los compromisos que hagamos, por más «insignificantes» que sean o de decir alguna «mentira piadosa». Es obvio que debemos tener tacto y criterio cuando hablamos, pero es vital que hablemos la verdad sin temer a que nuestras palabras sean luego tomadas como un engaño. Tal como dijo Jesús: «El que es honrado en lo poco también lo será en lo mucho; y el que no es íntegro en lo poco tampoco lo será en lo mucho» (Lc 16.10).

Una buena *comunicación* es vital para poder desarrollar la reputación de ser fiel y honrado, abierto y transparente, que comparte las alegrías y retos de la iglesia u organización. Cuando las cosas van mal, la gente tiene la tendencia a creer que las cosas están mucho peor de lo que están, a no ser que tú les expliques la situación con toda franqueza. Pudimos comprobar esto en el Trinity School for Ministry cuando tuvimos que encarar tres grandes retos al mismo tiempo: una tremenda recesión, una restructuración dentro de la denominación donde servíamos y un cambio del liderazgo, y todo sucedió cuando yo acababa de asumir mi nuevo cargo. Lo que marcó la diferencia para nosotros fue que invitamos a todos a que compartieran con franqueza sus necesidades de oración, ejercitamos bastante sabiduría y tuvimos el apoyo de los demás. Compartir adecuadamente tus propias debilidades puede también servir de ayuda para ganarte la confianza de la gente,[13] aunque debes evitar compartir demasiada información o te causará problemas más adelante. Cuando cometas algún error, es importante que lo reconozcas de inmediato y mantengas a tu supervisor al tanto. Sé responsable de tus propios errores, pide perdón por ellos, en lo posible enmiéndalos, aprende de ellos y sigue adelante. Todo ello te ayudará a establecer la reputación de ser una persona íntegra.

---

[12] James Kouzes y Barry Posner, *The Leadership Challenge: How to Make Extraordinary Things Happen in Organizations*, 5ª ed. (San Francisco: Wiley, 2012), 39.

[13] Ver Rob Goffee y Gareth Jones, *Why Should Anyone Be Led by You? What It Takes to Be an Authentic Leader* (Boston: Harvard Business Review Press, 2019), 62.

Humildad

La humildad tiene que ver con la manera en que ejercemos el poder. Significa que no debemos oprimir a los demás, como fue el caso de los líderes paganos (Mt 20.25), sino más bien mantener nuestra fuerza bajo control. Esto se opone radicalmente a las severas obras de la carne como los arrebatos de ira (Gá 5.20). Los líderes no necesitan subir el tono de voz o intimidar a los demás, sino que deben expresarse con voz calmada y amable. Un líder humilde es alguien que está presto a dejar que los demás se lleven el crédito por algún éxito y así mismo hacerse responsable cuando las cosas no marchan bien. Esta humildad podría mal interpretarse como debilidad en contextos donde un liderazgo más agresivo sea la norma. Pero así como la débil autoridad de Moisés fue desafiada por Aarón y María, le corresponde a Dios defender a los líderes de su pueblo (Nm 12.1-16). La humildad también implica que no debemos enviar correos electrónicos o textos o cartas de una manera impulsiva y cuando aún estamos molestos. Los líderes humildes saben recordar que una cosa es saber lo que se tiene que decir y otra cosa saber la mejor manera de decirla. El líder canadiense y emprendedor Peter Legge recalca lo importante que es el poder del tacto y cuán valioso es para establecer firmes relaciones.[14] El apóstol Pablo le dijo a la iglesia de Filipos: «Que su amabilidad sea evidente a todos» (Fil 4.5) e instruye a Timoteo a que busque que todo líder sea amable y apacible (1Ti 3.3). Así que, no debe sorprender a nadie que cuando un obispo que estaba por jubilarse le quiso dar un buen consejo a un capellán que estaba por ser consagrado como obispo, le dijo: «lo más importante para un obispo es que se dedique a ser cada vez más humilde».[15]

Esta humildad es una señal de *mansedumbre*,[16] aquella cualidad que Cristo demostró tener cuando voluntariamente lavó los pies de sus discípulos (Jn 13.3-12) y que manda a sus discípulos a que hagan

---

[14] Peter Legge, *The Power of Tact 2.0* (Burnaby, British Columbia: Eaglet, 2018).

[15] El obispo William Greer al obispo Richard Hare, citado en Steven Croft, *The Gift of Leadership – According to the Scriptures* (Norwich: Canterbury Press, 2016), 54.

[16] NOTA DEL TRADUCTOR: En el original, el autor usa *gentleness* en el encabezado del fruto del Espíritu y *humility* como una cualidad de este. Por ello, hemos tenido que recurrir a la recordada Reina-Valera 1960, que usa el término «mansedumbre», ya en desuso en el lenguaje contemporáneo. Mansedumbre es el atributo de una persona de condición benigna y suave.

lo mismo (Jn 13.14). Se puede comprobar esta cualidad en asuntos tan prácticos como lavar la vajilla y sacar la basura. Pablo recalca esta mansedumbre cuando dice lo siguiente: «No hagan nada por egoísmo o vanidad; más bien, con humildad consideren a los demás como superiores a ustedes mismos» (Fil 2.3). Esta modesta humildad resulta ser cautivadora, y sabemos que Dios se opone a los soberbios y exalta a los humildes (Mt 23.12). Sin embargo, es tristemente muy difícil de fomentar. El arzobispo William Temple comentó en una ocasión: «la humildad no empieza cuando uno sirve a los demás; empieza cuando está presto a ser el objeto de dicho servicio. Porque puede haber mucho orgullo y desdén escondido en el servicio que rendimos a los demás».[17] La mansedumbre aumenta cuando le damos prioridad a la oración, cuando notamos las maneras en que Dios provee todo lo que necesitamos y cuando estamos dispuestos a ocupar un nivel inferior. Aquella mansedumbre es un recurso vital para todo líder.[18] Junto al atributo de feroz determinación, ha sido identificada como una característica entre los niveles más altos de liderazgo, según la investigación que Jim Collins hiciera en su influyente libro, *Good to Great*.[19] Así que, fomentemos y celebremos aquella modesta humildad que produce líderes confiables y eficientes.

Dominio propio

Por último, el proceso de ganarse la confianza de la gente requiere de dominio propio, tal como lo describe el Nuevo Testamento o de «autocontrol», según el término más moderno entre la literatura secular. En vez de que dirijan nuestros deseos personales, se nos ha llamado para que el Espíritu Santo nos guíe y para que nuestra voluntad se ajuste cada vez más a la voluntad que Dios tiene para nuestras vidas. Esto también se opone tajantemente a las obras de la carne, que incluyen la inmoralidad sexual, la envidia, la idolatría (que equivale a la avaricia en Col 3.5) y el libertinaje (Gá 5.19). Todas estas apagan

---

[17] William Temple, *Readings in John's Gospel* (Nueva York: Morehouse, 1985), 203.

[18] Tal como ha explicado el catedrático de la facultad de administración en Harvard, Clayton M. Christensen, en "How Will You Measure Your Life?" (¿Cómo medirás tu vida?), Harvard Business Review, *HBR's 10 Must Reads on Managing Yourself* (Boston: Harvard Business Review Press, 2010), 11.

[19] Jim Collins, *Good to Great* (Nueva York: HarperCollins, 2001), cap. 2.

la obra del Espíritu Santo en nuestras vidas. También son tentaciones en las que muchos líderes han caído. Se trata de un llamado a ejercer autodisciplina la cual es fundamental para acabar lo que se empieza en cada aspecto del liderazgo. Este aspecto del dominio propio casi no se le presta atención en nuestra sociedad contemporánea, en la que se exalta la libre e irrestricta libertad de expresión y la manifestación de nuestras emociones y anhelos. Pero es ilusorio pensar que los líderes lograrán algo siguiendo sus sentimientos.

Los líderes también atraviesan por grandes retos debido a lo exigente que es su labor. Ello significa que las áreas donde somos más débiles tendrán la tendencia a resaltar a la vista de todos y bajo la presión del liderazgo. Si tú sabes que normalmente eres irritable, colérico o, como se dice popularmente, de mal genio, ¿cuánto más lo serás si asumes un cargo de liderazgo? Prestemos atención a este aspecto de nuestras vidas, no sea que más adelante cause estragos en la confianza que queremos ganarnos. Busquemos ayuda profesional si es necesario. Este llamado a tener dominio propio apunta muy alto y es muy difícil, sin embargo es una oportunidad para vivir la vida cristiana con toda plenitud, por medio del poder del Espíritu Santo. Se trata de un llamado a vivir por medio de nuestro ejemplo.

Con el poder que el Espíritu Santo nos da, los líderes deben aprender a manejar sus interrelaciones, su dinero, su tiempo, de hecho, su vida completa. Saber manejar nuestras *emociones* es quizá uno de los aspectos más difíciles del liderazgo. La gente se da cuenta cuándo estamos contentos o tristes, con temor o molestos. Tendrán la tendencia a reaccionar frente a aquellas emociones, a menudo repitiendo lo que ven y contagiándose del estado de ánimo, el cual mencionamos anteriormente. De esta manera, las emociones pueden llegar a amplificarse, donde la ira produce furia y el temor engendra pánico. Aprender a estar conscientes de nuestras emociones y tomar los pasos necesarios que nos aseguren que están siendo atendidas es la mejor manera de garantizar que una organización evite ir por el camino equivocado. Cuando estemos molestos, debemos pausar y tomar tiempo para procesar qué es lo que nos causa aquella molestia, quizá realizando ejercicios físicos, relajándonos con música, escribiendo un diario o conversando del asunto con otras personas. Luego, una vez que nos sintamos más calmados, podremos decidir qué hacer al respecto.

La ira puede causar que nos sintamos exageradamente justos por la posición que ocupamos como líderes, lo cual aumenta la confianza en nosotros mismos, como si estuviésemos en un funicular ascendiendo a la cima de una montaña. Lo mejor que podemos hacer en ese momento es permanecer sentados en el funicular y no salir cuando lleguemos a la cima y erupcionar como un volcán, sino volver a bajar hasta la base antes de tomar cualquier decisión. Sorprendentemente, la habilidad para saber manejar estas emociones juega un papel muy clave para determinar a cuál nivel de liderazgo uno puede aspirar a llegar, dado que los puestos de gestión administrativa o liderazgo más altos son los que reciben mucha más presión y provocan emociones mucho más intensas. Citamos el adagio de Zig Ziglar: «la actitud determina la altitud». Es cierto que tenemos muy poco que decir acerca de lo que sentimos, pero tenemos mucho que decir acerca de la manera en que respondemos a aquellos sentimientos. El dominio propio es el factor que causa la diferencia en este caso y juega un papel muy importante para ganarse la confianza de la gente.

El grado al que podremos desarrollar estas características y la velocidad que surjan dependerán de la experiencia propia que hemos tenido confiando en los demás, especialmente durante nuestros años de formación. El investigador Simon P. Walker nos explica que si nuestros padres o tutores que tuvimos en la niñez nos alentaron demasiado, podemos terminar confiando demasiado en nosotros mismos; si pusieron condiciones al amor que brindaban, desarrollaremos un sentido de obligación; si aparentaban ser frágiles, podremos volvernos demasiado fáciles de complacer; y si no se podía confiar en ellos, nos volveremos excesivamente cautelosos.[20] Hasta cierto grado, es probable que hayamos experimentado uno o más de estos retos, porque nadie tuvo padres, tutores o modelos perfectos. Walker afirma que el objetivo de los líderes es lograr liberarse de la urgencia de tener que rescatar a los demás, de tener éxito, de complacer o de controlar. Si tenemos la certeza de que somos hijos de Dios y que nuestro verdadero valor proviene de nuestro Padre celestial, cuyo amor es perfecto e incondicional, será posible que nos libremos de la obsesión de buscar el éxito cueste lo que

---

[20] Simon P. Walker, *Leading out of Who You Are: Discovering the Secret of Undefended Leadership* (Carlisle: Piquant, 2007), en especial 54–111.

cueste.[21] Esta nueva percepción de las cosas puede ser útil para que los líderes se conozcan mejor a sí mismos y a los demás y nos permitirá enfrentarnos a nuestros propios retos con el fin de llegar a ser líderes más confiables.

Conclusión

Ganarse la confianza de la gente es la primera y más importante tarea del líder. Peter Drucker llegó al extremo de afirmar: «El liderazgo consiste en ganarse la confianza de la gente».[22] Si llegamos a creer que todo depende de nosotros para ganarnos aquella confianza, entonces nos desanimaremos. Pero, vemos que es el fruto del Espíritu el que se manifiesta en todos los aspectos de un líder confiable, así que tenemos esperanza. Por ello, es tan importante que cada día el líder cristiano busque estar lleno del Espíritu Santo de Dios (Ef 5.18). Esto es vital si queremos seguir las huellas de Jesucristo en la senda de nuestro liderazgo.

El personaje que se describe en el fruto del Espíritu es realmente magnífico. ¿Quién no quisiera tener a este personaje como líder a seguir? Sin embargo, este personaje no se forma en un día ni tampoco alcanza su total madurez en esta vida. No hay atajos para ganarse la confianza de la gente. Toma muchos años de discipulado diario para producir la reputación íntegra que todo líder necesita. Puede empezar en la niñez y seguir su desarrollo en todas las etapas de la vida. Las experiencias del liderazgo pueden agilizar parte de esta transformación y también la superación profesional, especialmente en lugares como centros de estudios teológicos o seminarios, ya que ofrecen un ambiente experto para el desarrollo de líderes, tal como el privilegio que tengo yo de verlo cada día en acción. Los programas de formación bajo la tutela directa de un líder experto pueden también agilizar el proceso, el cual deberá proseguir durante toda la vida y la formación del carácter. A lo largo de todo esto, es menester que sigamos creciendo en la confianza que

---

[21] Walker, *Leading Out of Who You Are*, 151–160.

[22] Peter F. Drucker, "Executive Summary: A Conversation with Peter Drucker on Leadership and Organizational Development." 5 de febrero de 2002, editado por Joseph A. Maciariello, p. 5. Disponible en https://www.porchlightbooks.com/blog/excerpts/a-year-withpeter-drucker, consultado el 13 de noviembre de 2020.

ofrecemos a los demás y aprendamos a conducirnos de una manera que se asemeje a Cristo, con el fin de repetir esto con los que nos siguen.

Fue Stephen Neil, quien sirviera como obispo de Tirunelveli en la India, el que captó mi atención al valor del fruto del Espíritu cuando describió la madurez cristiana en su libro *The Christian Character*. Reconoció que no se pueden desarrollar estas características por un mero acto de la voluntad propia. En realidad son obras de Dios. «El crecimiento de nuestros cuerpos sucedió sin que tan siquiera nos demos cuenta de ello, hasta que súbitamente nos dimos cuenta de que podíamos ver por sobre aquel muro que antes nos quedaba muy alto. Sucede lo mismo con el crecimiento de nuestros espíritus —si es que permanecemos arraigados a Cristo y aprendemos a crecer como los árboles y las flores».[23] Nuestra tarea consiste en permanecer al lado de Cristo y el Espíritu hará el resto.

Ganarse la confianza tarda mucho tiempo, pero se la puede perder en un instante. Tan solo una mentira, una estafa, una relación indebida es suficiente como para arruinar una reputación que tardó años en gestarse. Incluso si nadie se entera de ello, tal conducta opera como un cáncer que mina el carácter y que quizá conduzca a otros fracasos. Uno debe arrepentirse de ello y buscar ayuda de ser necesario. Reconstruir la confianza perdida tarda más que la inversión inicial de tiempo. Pero sin aquella confianza, el liderazgo enfrentará un severo obstáculo, si es que aún puede sobrevivir. Esta confianza es la esencia del trabajo del líder, es por ello que tener un carácter moral es tan importante para el líder. Es que el trabajo privado de nuestro carácter, que opera detrás de bambalinas, nos permite realizar el trabajo público como líderes en el escenario.[24] Lesslie Newbigin, quien sirviera por casi cuarenta años como misionero en la India, nos deja con el reto de una manera directa: «El liderazgo que el ministro de la congregación lleva a cabo en su misión al mundo ocurrirá en primerísimo lugar en el área de su propio discipulado, en aquella vida de oración y consagración diaria, la cual permanece oculta al mundo pero es donde las batallas más importantes se ganan o se pierden».[25]

---

23 Neill, *Christian Character*, 92.
24 See Walker, *Leading out of Who You Are*, cap. 3.
25 Lesslie Newbigin, *The Gospel in a Pluralist Society* (Londres: SPCK, 1989), 240–241.

Los líderes cristianos encaran todos los retos que enfrentan todos los líderes de nuestras sociedades, pero además encaran los retos de ser líderes en una batalla espiritual. Necesitamos la presencia de Dios para que dirija cada paso de nuestros pies a lo largo del camino y la protección diaria de Dios para que nos libre del maligno (Mt 6.13). Así que, se trata de vivir según la Palabra de Dios, con el poder del Espíritu Santo, en la comunión de la iglesia, con buenos consejeros espirituales que nos ayuden a cumplir con aquel maravilloso llamado a ser líderes. Necesitamos ser

> como un árbol plantado junto al agua,
> que extiende sus raíces hacia la corriente;
> no teme que llegue el calor,
> y sus hojas están siempre verdes.
> En época de sequía no se angustia,
> y nunca deja de dar fruto (Jer 17.8)

Esto fomentará el carácter confiable del que todo líder depende.

Ejercicios adicionales

En tu proceso de ganarte la confianza de la gente, ¿cómo podrías mejorar tu liderazgo?

1. ¿Estás desarrollando la reputación de ser confiable?
2. ¿Cuáles pasos podrías tomar para crecer como discípulo de Jesucristo y quién te podría ayudar para ello?
3. ¿Tienes algún problema con tu carácter que necesitas resolver con el fin de que no sea un obstáculo para ganarte la confianza de la gente?
4. ¿Quién crees que estaría dispuesto a servir como consejero espiritual con el fin de ayudarte como líder?
5. ¿Tienes alguna red de apoyo y a la que puedas rendir cuentas o podrías empezar con una?
6. ¿Crees que es el tiempo adecuado para empezar a explorar nuevas áreas del liderazgo?
7. ¿Qué áreas de estudio o lectura sobre el liderazgo te inclinas a tomar?

Desarrollar líderes

La tarea de ganarse la confianza de la gente nunca termina. Es necesario que los líderes continúen ganándose la confianza de la gente por toda la vida. Sin embargo, ganarse la confianza por sí sola no es suficiente. Será necesario que todo líder encuentre otros líderes o posibles líderes, con el fin de extender su rango de influencia y lograr así su misión. Una de las mayores lecciones que he aprendido de mi preparación para el ministerio ordenado ha sido descubrir cuánto esfuerzo invirtió Jesús en sus doce discípulos. Robert Coleman lo explica muy bien en su libro *The Master Plan of Evangelism*.[1] Teniendo en cuenta los millones de gente por alcanzar, Jesús dedicó gran parte de su tiempo a aquellos doce discípulos. Los estaba preparando para la tarea que tenían por delante, la de apóstoles, serían los primeros líderes de la iglesia, quienes así mismo producirían otros líderes que predicarían, enseñarían y dirigirían la iglesia hacia su misión mundial. Se trataba de un ministerio de multiplicación.

Si queremos darle buen uso a los dones que Dios nos ha dado y los dones que ha dado a los demás, tendremos que identificar y desarrollar otros líderes. Esto puede jugar un papel clave en el impulso que una iglesia u organización reciba para mantener su misión. Si intentas cumplir con tu liderazgo por ti solo, será muy difícil que superes las setenta personas —por lo menos, eso es lo que se ha descubierto en las investigaciones de líderes.[2] Tal como le sucedió a Moisés, es probable

---

[1] Robert Coleman, *The Master Plan of Evangelism*, 2ª ed. (Ada, MI: Revell, 2010).

[2] Ver los debates de las teorías respecto al tamaño de las congregaciones. Por ejemplo, hay un resumen muy útil en "Overview of Church Size Theory: Size Types and Their Characteristics" (Episcopal Church Foundation, 2012), consultado el 23 de marzo de 2020, https://www.ecfvp.org/uploads/tools/files/ Overview_of_Church_Size_Theory1.pdf.

que tú también termines exhausto debido a las exigencias del ministerio (Éx 18.18). Sin embargo, si aprovechas la ayuda de un equipo de líderes y que estos así mismo tengan otros líderes, las posibilidades para extender la misión serán ilimitadas. Así como Timoteo, necesitamos enseñar a otros lo que nos fue enseñado y así prepararlos como líderes (2Ti 2.2). Esto significa que podemos entrenar a hombres y mujeres para que dirijan al pueblo de Dios hacia su misión al mundo. También nos recuerda que la tarea del líder no consiste en darle solución a todas las interrogantes que surjan o poseer todas las ideas más brillantes que se necesiten. Más bien, su tarea consiste en reconocer las buenas ideas cuando las vea surgir, saber cuándo deberán ponerse en práctica y darle el debido reconocimiento a la persona que propuso las ideas y que pudiera ser otro líder del grupo. Además, la tarea general del líder es darle estructura a la organización, asignando los líderes adecuados para cada puesto, con el fin de lograr que las cosas funcionen bien.

Desarrollar líderes: un caso práctico

Desde un inicio, en la iglesia de St. Helen tuvimos la necesidad de identificar a nuevos líderes, dado que había pocos líderes jóvenes. ¿Qué sucedería si los más experimentados líderes renunciaran a sus puestos? ¿Tendríamos algún semillero de líderes a nuestra disposición? Desarrollar a los actuales y futuros líderes de la iglesia fue una tremenda tarea y un gran paso adelante. Mayormente se llevó a cabo por medio de cuatro grupos: el consejo de la iglesia, el equipo del ministerio de liderazgo, los líderes y el personal.

El consejo de la iglesia

Tuvimos en primer lugar el consejo de la iglesia, el cual tenía la responsabilidad de ayudarme en la supervisión general de la iglesia y el cumplimiento de varias obligaciones legales. Pusimos bastante esfuerzo en aclarar las expectativas de aquellos que servían en el consejo, especialmente en las vísperas de la elección de nuevos miembros. Estos debían ser discípulos comprometidos con el Señor Jesucristo, que poseyeran dones y habilidades que pudieran disponer para el servicio de la iglesia. Cuando el consejo se reunía, siempre dedicábamos tiempo al estudio de la Biblia y la oración, con el fin de que no se volviera una sencilla reunión de negocios. Este consejo estaba conformado por los más importantes líderes espirituales de la congregación.

Cuando llegué a la iglesia de St. Helen, seguí el buen consejo de hacer de la reunión un evento social. Cathy y yo los habíamos invitado a casa a cenar. Ello permitió que los miembros del consejo pudiesen ver las obras de renovación que la diócesis había hecho en la casa pastoral, que la había convertido de un lugar no preparado para estos eventos a un hogar acogedor y apto para la hospitalidad. Todos se sintieron alentados por ello. También significó que podíamos conectarnos de una manera más personal y no solo como grupo sino como personas individuales. Aquella noche, tuvimos conversaciones muy francas respecto a lo difícil que habían sido los dos últimos años y cuántos retos teníamos por delante. Pero haber traído a la luz estos asuntos durante este evento social ayudó a la gente a que pudiese expresar sus opiniones abiertamente y sentar la agenda para la próxima reunión del consejo.

Siempre estaba al tanto de oportunidades para tener conversaciones con miembros del consejo porque quería dedicar tiempo para entrenarlos en los puestos que ocupaban y ayudarlos para que ellos mismos pudiesen identificar y entrenar a otros líderes. Les pregunté qué pensaban respecto a los problemas actuales y qué ideas tenían para el futuro. Aquellas conversaciones se dieron después del culto a la hora del café, cuando nos cruzábamos por la calle o en reuniones en la casa pastoral. Las considero un tiempo muy valioso, que jugaron un papel muy importante en mi tiempo de orientación y en la tarea de desarrollar líderes en la congregación.

El equipo del ministerio de liderazgo

El segundo grupo de líderes fue el equipo del ministerio de liderazgo, el cual fue establecido hacia el final de mi labor en St. Helen, como parte de una iniciativa de la diócesis de Londres. Agrupaba al liderazgo ordenado, los capilleros (dos de ellos, elegidos por la congregación para que colaboren estrechamente conmigo), el evangelista de la parroquia, el coordinador de la atención pastoral, el líder de cultos, el encargado del ministerio para los niños y el pastor de los jóvenes. Todo este equipo estaba bajo la autoridad del consejo de la iglesia y tenía a su cargo la supervisión de todos los demás grupos de la iglesia, ofreciendo con ello la coordinación del trabajo de todos los equipos y personal. Nos reuníamos una vez al mes para evaluar todo el ministerio de la iglesia. Hubo un compromiso inicial a servir por tres años y, por medio de un consultor, realizábamos una evaluación anual.

La agenda de nuestras reuniones incluía lo siguiente:

1. Estudio bíblico y oración
2. Nuevas visitas: el siguiente paso a seguir
3. Niños y jóvenes: los ministerios para cada uno de ellos
4. La misión: evangelismo y obras sociales de parte de la iglesia
5. Discipulado: grupos en hogares, oportunidades de servicio, desarrollo de líderes y entrenamiento
6. Atención pastoral: a los necesitados, a los que no pueden salir de casa, a los que están en los hospitales, y funerales
7. Asuntos prácticos: temas pendientes, recursos y comunicados

Esto nos permitió saber cuán bien estábamos integrando a los recién llegados a la iglesia y cuál sería la mejor manera de discipularlos. Debatíamos acerca de la posibilidad de cambiar líderes a distintos ministerios con el fin de asignarles mayor responsabilidad. Nos sirvió también de una gran oportunidad para identificar líderes que pudiesen ingresar al ministerio ordenado o unirse a las misiones en el extranjero, y ofrecerles la oportunidad de servir no solo en los distintos ministerios de la iglesia, como el de enseñanza, sino también para que lean la Biblia durante el culto, dirijan los tiempos de intercesión y en ocasiones y bajo supervisión, prediquen.

Los líderes

El tercer grupo son los líderes del ministerio, que dirigen el grupo de los niños, el ministerio a los jóvenes, el ministerio a la tercera edad, los encargados de las flores, el equipo de música, los encargados de dar la bienvenida, el ministerio de alcance a la comunidad, el ministerio de sanidad y el equipo de atención pastoral. Todas estas personas dirigen los ministerios de vanguardia o de primera línea por medio de los cuales nos hemos propuesto hacer discípulos de Jesucristo. Cada uno de ellos juega un papel vital en la vida de la iglesia y mi deseo es asegurarme de que se sientan que yo los apoyo plenamente. En lo posible, me reunía con ellos con regularidad, cada mes, con el fin de saber cómo les iba y ofrecerles mi apoyo en su labor. Por lo menos intentaría conversar con ellos luego del culto de la iglesia. Ello me permitía ofrecerles discipulado y entrenamiento, y ayudarlos a resolver las oportunidades y retos que encaraban.

Cuando logramos empezar más grupos en los hogares, reunía a los líderes tres o cuatro veces al año para adorar a Dios juntos, tener momentos de enseñanza, oración y de aliento. Les propuse que cada grupo del ministerio se convirtiese en un grupo de hogar, lo cual causó que tuvieran un tiempo de adoración, de dar la bienvenida a las visitas, estudiar la Biblia, tener un tiempo de socialización y servir a aquellos fuera del grupo, que en su caso sucedía por medio de su ministerio. Una de las esperanzas que tenía respecto a esta manera de organizar las cosas fue ofrecer ayuda adicional a estos líderes agrupándolos con otros líderes para que tuviesen la oportunidad adicional de celebrar cultos juntos y tener momentos de aprendizaje. Sin embargo, en la práctica, muchos de los líderes descubrieron que no podían comprometerse plenamente por razones de tiempo, lo cual tuve que aceptar como algo fuera de mi control.

El personal

Por último, tenemos al personal de la iglesia. En un principio, se trataba solamente de los dos capilleros y yo. Más adelante, otras personas se unieron al equipo, incluyendo el pastor asistente y un administrador a media jornada. Nos reuníamos semanalmente para ver qué se tenía que hacer en la iglesia con el fin de poner en práctica lo que el consejo de la iglesia y el equipo del ministerio de liderazgo habían decidido hacer. Compartíamos responsabilidades respecto a tareas prácticas como, por ejemplo, alguna reparación necesaria, pintar algunos salones y visitas pastorales, cada una de ellas según las habilidades que poseíamos. Este hecho me dio grandes esperanzas dado que me preocupaba la inmensa cantidad de tareas por hacer. También significó que teníamos la oportunidad de modelar aquella mansedumbre que buscábamos en todos nuestros líderes.

Me di cuenta muy pronto que necesitaba poner más atención a la elección y nombramiento de los líderes principales y el personal de la iglesia. Era necesario que fuesen personas que se habían ganado el respeto de la congregación y que poseían la madurez necesaria para asumir estos cargos de gran importancia. También intenté mantenerme en contacto con aquellos que en el pasado había servido anteriormente en estos cargos, con el fin de aprovechar su experiencia.

Estas reuniones con el personal sirvieron de mucha ayuda para tratar con cualquier preocupación o queja que surgiera. Estaba consciente de que no podía aceptar todas las críticas como si fuesen ciertas, pero por otro lado, tampoco podía rechazarlas todas y considerarlas falsas. ¿Como podría yo distinguir la diferencia sin ponerme a la defensiva o restarle importancia? Por ello, presentaba estas quejas al personal o en caso de ser más susceptibles, se las presentaba solamente a los capilleros. Luego ellos podrían ayudarme a examinar las quejas cuidadosamente y determinar cuáles de ellas era ciertas y cuáles no lo eran. Este apoyo fue muy importante y me ayudó a mantenerme sensible a las necesidades de la iglesia evitando caer en el desánimo por causa de las críticas.

Desarrollar líderes: los ingredientes

Así que, ¿cómo podemos identificar y desarrollar líderes? Es un tema del que la Biblia tiene mucho que decir. Nos cuenta acerca de las vidas de líderes como Abraham, José y Moisés; Josué, Débora y Samuel; Saúl, David y Salomón; Jesús, Pedro y Pablo, y la lista podría fácilmente continuar. Pero si queremos utilizar criterios para elegir a líderes, el libro de los Hechos y las epístolas pastorales (1 y 2 Timoteo y Tito) nos servirán de ayuda inmediata. Estos libros se dirigen a los que normalmente conocemos por «ministros ordenados» y la gran mayoría de líderes cristianos no han sido llamados a dicho ministerio. Sin embargo, estos libros efectivamente resaltan las cualidades que Dios busca en todo líder, lo cual nos ofrecen un buen punto de partida.

Hay tres cargos principales que resaltan en el Nuevo Testamento respecto a aquellos que tendrían la responsabilidad de dirigir la iglesia luego de la era apostólica: los diáconos, los presbíteros o ancianos y los supervisores u obispos. En algunas confesiones cristianas, incluyendo a la Iglesia Católica Romana, las iglesias orientales y la comunión anglicana, se usa el término «sacerdote» en lugar de «presbítero» y al «supervisor» se le denomina «obispo». Otras confesiones evangélicas utilizan el apelativo de «ministro» o «pastor». No nos dedicaremos a explicar el desarrollo de estos términos a lo largo de la historia de la iglesia. Más bien, la pregunta que nos concierne es: ¿Cómo se identificó y eligió a estos líderes?

Identificar las cualidades del líder

Los diáconos

Hechos 6 nos dice que la labor de los diáconos consistió originalmente en atender la distribución de alimentos a las viudas con el fin de que los apóstoles se dedicaran a la oración y la predicación de la Palabra (Hch 6.3-4). Los diáconos llevaban a cabo un ministerio importante y aquellos que habían recibido este llamado debía ser «de buena reputación, llenos del Espíritu y de sabiduría» (v. 3). Leemos que «escogieron a Esteban, hombre lleno de fe y del Espíritu Santo, y a Felipe, a Prócoro, a Nicanor, a Timón, a Parmenas y a Nicolás, un prosélito de Antioquía. Los presentaron a los apóstoles, quienes oraron y les impusieron las manos» (vv. 5-6).

En 1 Timoteo encontramos una lista más completa de cualidades para la labor de diácono:

> Los diáconos, igualmente, deben ser honorables, sinceros, no amigos del mucho vino ni codiciosos de las ganancias mal habidas. Deben guardar, con una conciencia limpia, las grandes verdades de la fe. Que primero sean puestos a prueba, y después, si no hay nada que reprocharles, que sirvan como diáconos. Así mismo, las esposas de los diáconos deben ser honorables, no calumniadoras, sino moderadas y dignas de toda confianza. El diácono debe ser esposo de una sola mujer y gobernar bien a sus hijos y su propia casa. Los que ejercen bien el diaconado se ganan un lugar de honor y adquieren mayor confianza para hablar de su fe en Cristo Jesús. (3.8-13)

Nos llama la atención cuántos de estos requisitos tienen que ver con el carácter y la vida en el hogar: una vida digna, honesta, que ejercen dominio propio respecto a las bebidas alcohólicas, que evitan el dinero mal habido, que son fieles en el matrimonio y que saben criar bien a sus hijos. Tal como el experto en liderazgo, James Lawrence, ha señalado, el liderazgo se aprende en casa.[3] Esto nos hace recordar las instrucciones que Pablo le dio a Timoteo: «No reprendas con dureza al anciano, sino aconséjalo como si fuera tu padre. Trata a los jóvenes como a hermanos; a las ancianas, como a madres; a las jóvenes, como a hermanas, con toda pureza» (1Ti 5.1-2). Es cierto que hemos sido llamados a tener una fe firme, pero el énfasis recae en una vida que demuestre aquella fe en acción. Estos aspirantes a líder deben ser probados primero, lo cual significa que se requiere que tengan experiencia previa en otros ministerios y cuya fe haya sido reconocida como genuina, cuyas vidas enteras demuestren lo que creen.

Esto es importante cuando identifiquemos a los líderes. Deben ser hombres y mujeres de fe en Cristo, pero también deben ser personas cuya fe se demuestra por medio de sus vidas. ¿Podemos ver el fruto del Espíritu, que les permita tener dominio propio cuando hablan, en el uso de bebidas alcohólicas y en el manejo del dinero? Debemos comprobar esto antes de que les otorguemos cargos de liderazgo en las iglesias. Las cuestiones del prestigio mundano, apariencia física o la popularidad entre la gente no deberían anular estos asuntos si es que queremos obedecer lo que la Biblia enseña. Tampoco se debería forzar a alguien al liderazgo con el fin de atender a sus necesidades pastorales. Los líderes deberían elegirse por razón del potencial que tienen para dirigir.

Ancianos y supervisores

Luego tenemos los ancianos y supervisores, cuyas funciones eran muy parecidas durante la era neotestamentaria. Se les asignó grandes responsabilidades de liderazgo en la iglesia primitiva. Cuando Pablo escribió a los ancianos de Éfeso, les dijo lo siguiente:

> Tengan cuidado de sí mismos y de todo el rebaño sobre el cual el Espíritu Santo los ha puesto como obispos para pastorear la iglesia de Dios, que él adquirió con su propia sangre. Sé que después de mi partida entrarán en medio de ustedes lobos feroces que procurarán acabar con el rebaño.

---

[3] James Lawrence, *Growing Leaders: Reflections on Leadership, Life and Jesus* (Abingdon: Bible Reading Fellowship, 2004), 171.

> Aun de entre ustedes mismos se levantarán algunos que
> enseñarán falsedades para arrastrar a los discípulos que
> los sigan. Así que estén alerta. Recuerden que día y noche,
> durante tres años, no he dejado de amonestar con lágrimas
> a cada uno en particular. (Hch 20.28-31)

El trabajo de estos ancianos, a quienes también se les denomina
«obispos», era ser pastores del rebaño de Dios, idea que reaparece en
1 Pedro 5.2. Es bien sabido que la metáfora del pastor es la misma
que Jesús usó para describirse a sí mismo (Jn 10.11), y que cumple
las esperanzas del Antiguo Testamento respecto al líder que ofrecería
el sustento diario para el pueblo de Dios, los protegería del peligro
y los llevaría hacia donde debían ir (ver el salmo 23). Qué tremenda
descripción del líder cristiano, quien ha sido llamado para ser el
asistente del propio Jesucristo.

Una lista más detallada de calificaciones para los ancianos y obispos
aparece en la carta de Pablo a Tito, en donde le dice lo siguiente:

> Te dejé en Creta para que pusieras en orden lo que
> quedaba por hacer y en cada pueblo nombraras ancianos
> de la iglesia, de acuerdo con las instrucciones que te di. El
> anciano debe ser intachable, esposo de una sola mujer; sus
> hijos deben ser creyentes, libres de sospecha de libertinaje
> o de desobediencia. El obispo tiene a su cargo la obra de
> Dios, y por lo tanto debe ser intachable: no arrogante,
> ni iracundo, ni borracho, ni violento, ni codicioso de
> ganancias mal habidas. Al contrario, debe ser hospitalario,
> amigo del bien, sensato, justo, santo y disciplinado. Debe
> apegarse a la palabra fiel, según la enseñanza que recibió,
> de modo que también pueda exhortar a otros con la sana
> doctrina y refutar a los que se opongan. (Tit 1.5-9)

Algunos de estos puntos Pablo los repite en su carta a Timoteo en
Éfeso:

> Se dice, y es verdad, que, si alguno desea ser obispo, a
> noble función aspira. Así que el obispo debe ser intachable,
> esposo de una sola mujer, moderado, sensato, respetable,

> hospitalario, capaz de enseñar; no debe ser borracho ni pendenciero, ni amigo del dinero, sino amable y apacible. Debe gobernar bien su casa y hacer que sus hijos le obedezcan con el debido respeto; porque el que no sabe gobernar su propia familia, ¿cómo podrá cuidar de la iglesia de Dios? No debe ser un recién convertido, no sea que se vuelva presuntuoso y caiga en la misma condenación en que cayó el diablo. Se requiere además que hablen bien de él los que no pertenecen a la iglesia, para que no caiga en descrédito y en la trampa del diablo. (1Ti 3.1-7)

Una vez más, se trata de las cualidades del carácter las que sobresalen; intachable, esposo de una sola mujer, que no sea arrogante o iracundo o borracho o violento o codicioso sino todo lo contrario, debe tener dominio propio, ser moralmente correcto y santo. Hay, además, otras habilidades que se requiere de los ancianos y obispos como, por ejemplo, ser hospitalario, capaz de enseñar la fe y que reproche a aquellos que se oponen a la fe. Sin embargo, todos estos atributos no sirven de nada sin el carácter cristiano que les brinda apoyo. No debe haber una separación entre lo público y lo privado, como algunos recomendarían. La prohibición contra los recién convertidos y la necesidad de tener una buena reputación de parte de la comunidad en general recalca cuán importante es que se le dé tiempo al compromiso cristiano de la persona y así poder comprobar que es realmente genuino. Algunas veces la persona aparentará estar apta para el liderazgo y más adelante manifestará problemas con su carácter que deberán ser solucionados antes de que se le dé responsabilidades de líder. Asuntos tales, como la hospitalidad, invitan a los demás a que ingresen a nuestro mundo interno, a nuestra familia y amigos, y es allí donde la integridad o la falta de esta se manifiesta. Las borracheras y la violencia que por lo general las acompaña no tienen cabida en un hogar cristiano o en el liderazgo cristiano. Más bien, la bondad y la paz deben ser las marcas que distinguen al líder. Tampoco se debe tolerar la codicia, la cual fue evidente entre los falsos maestros contra los que Timoteo tuvo que luchar en Éfeso (1Ti 6.5). Estos asuntos desprestigian a la iglesia, por ello debemos tomarnos el tiempo para discernirlos. Por esta razón Pablo escribió: «no te apresures a imponerle las manos a nadie» (1Ti 5.22).

El asunto en torno a la conducta de los hijos de creyentes es muy delicado o espinoso. Muchos líderes cristianos, incluso algunos que han tenido un exitoso ministerio a lo largo de muchos años, tienen uno o más hijos que no son creyentes. ¿Será que cuando Tito 1.6 dice «sus hijos deben ser creyentes», quedan *ipso facto* inhabilitados? Es, efectivamente, un asunto muy espinoso y muchos han intentado resolverlo.[4] Por un lado, queda claro que aquellos que pretenden ser líderes en la iglesia de Dios y tienen hijos en casa, necesitan tomar con la mayor seriedad posible la tarea de criarlos en la fe. Deben invertir tiempo en leer la Biblia y orar con ellos, esforzándose por vivir vidas moralmente correctas, compartiendo historias de las obras de Dios y evitando que con sus frustraciones y dificultades les impongan cargas inadecuadas.

Por otro lado, no podemos forzar a que nuestros hijos sean cristianos o que permanezcan fieles a Cristo si lo son. Es posible que más adelante la fe despierte en ellos o que atraviesen por una etapa de hijos pródigos. Se necesita tomar una decisión a conciencia. Si alguien tiene hijos que no son creyentes, ¿será esto una señal de negligencia de parte de los padres? ¿Revela esto una falta de integridad? Si es así, es mejor que se encare este asunto ya, antes de que estos fracasos afecten a toda la congregación una vez que la persona asuma un cargo de liderazgo. Sin embargo, si este no es el caso, la cita de Tito no debería usarse como base para inhabilitar a los que aspiran algún liderazgo. Estas conmovedoras y persistentes frustraciones de parte de los padres podrían ser medios por el cual Dios causa que se comprometan más en orar, en confiar más en el soberano cuidado de Dios, en tener siempre presentes a aquellos que no creen y en suscitar una mayor entrega por la evangelización.

Desarrollar el carácter del líder

Saber identificar a los líderes es, por tanto, una tarea donde mayormente uno se percata del carácter cristiano. Ello significa que el desarrollo

---

4   Ver Robert S. Rayburn y Steven A. Nicoletti, "An Elder Must Have Believing Children: Titus 1:6 and a Neglected Case of Conscience," *Presbyterion* 43, no. 2 (otoño de 2017): 69–80; y John Stott, *The Message of 1 Timothy and Titus* (Leicester: Inter-Varsity Press, 1998), 176.

de líderes será en gran medida una formación del carácter cristiano. Así que, la tarea del líder cuando se dedica a buscar otros líderes forma parte del discipulado que ejerce sobre otros. Efectivamente, hay habilidades específicas que tienen que ser identificadas y puestas en práctica, tales como saber pastorear, saber enseñar las doctrinas de la Biblia, saber exhortar y ofrecer hospitalidad, pero todas estas habilidades no serán suficientes por sí solas. El énfasis recae en el carácter cristiano y la prueba fehaciente del fruto del Espíritu en sus vidas.

Para todos aquellos que se dedican a la predicación, la enseñanza y la atención pastoral, nos produce ánimo darnos cuenta de que todo lo que hacemos durante el ciclo de vida de la iglesia para promover la formación de un carácter moral, producirá líderes para la iglesia de Cristo. Cuando nos involucramos con aquellos que están creciendo en su fe, podemos llegar a discernir posibles lugares donde ellos puedan ejercer algún liderazgo. Estas responsabilidades quizá logren agilizar su proceso de crecimiento espiritual.

En la investigación que llevara a cabo sobre el liderazgo, John P. Kotter se dio cuenta de lo importante que era permitir que los líderes encarasen retos desde muy temprano en su desarrollo.[5] Recordando todo esto, me alegra que desde los trece años me hayan permitido dirigir o ayudar a dirigir a grupos cristianos. Aún recuerdo la manera en que aquellas experiencias me sirvieron para tomar en serio mi fe cristiana y me ayudaron a comprobar el poder de la oración. También logré aprender mucho acerca del liderazgo. Gran parte del crecimiento en el liderazgo se da por medio de las experiencias y consejeros espirituales que nos ayuden a procesar dichas experiencias. Se ha observado que la gente aprende el setenta por ciento a partir de las experiencias laborales, veinte por ciento por medio de la interacción con los demás, y diez por ciento a partir de eventos de educación formal.[6] En realidad, la experiencia es nuestra más grande maestra. Si crees que alguien posee dotes de líder, ¿por qué no dejarlo que juegue algún papel menor de líder, apoyarlo en dicha tarea y ver cómo le va?

---

[5] John P. Kotter, "What Leaders Really Do," en Harvard Business Review, *HBR's 10 Must Reads on Leadership* (Boston: Harvard Business Review Press, 2011), 37.

[6] Michael M. Lombardo y Robert W. Eichinger, *The Career Architect Development Planner*, 1ª ed. (Minneapolis: Lominger, 1996), iv.

La formación del carácter que acabamos de describir anteriormente sucede de una manera muy dolorosa, por medio de sufrimientos y que produce esperanza: «Y no solo en esto, sino también en nuestros sufrimientos, porque sabemos que el sufrimiento produce perseverancia; la perseverancia, entereza de carácter; la entereza de carácter, esperanza. Y esta esperanza no nos defrauda, porque Dios ha derramado su amor en nuestro corazón por el Espíritu Santo que nos ha dado» (Ro 5.3-5). Las lecciones que se logran aprender por medio del sufrimiento calan muy hondo y son capaces de transformar nuestro carácter. Pueden infundir en nosotros una modesta y devota esperanza respecto al futuro, pese a todos los desafíos de la vida y ello es muy útil para cualquier líder.

Los expertos en liderazgo, Warren Bennis y Robert Thomas, han abordado lo que ellos denominan «los crisoles del liderazgo», que tan a menudo forma parte de aquello que le permite a una persona superarse como un gran líder.[7] Tanto José como Moisés, dos de los más destacados líderes del Antiguo Testamento, pasaron muchos años en el olvido, ya sea en la cárcel o trabajando como pastores de ovejas (Gn 39–41; Éx 3). En aquellos años, deben haberse cuestionado la situación de sus vidas. Pero no queda duda alguna que lograron aprender muchísimas cosas gracias a esos duros años. Si podemos aprovechar las lecciones aprendidas durante nuestros propios crisoles del liderazgo y también ayudar a los demás a hacer lo mismo, lograremos un gran beneficio para todos.

Identificar a posibles líderes

¿Cómo podemos identificar a aquellas gentes que tengan el potencial para ser líderes? Muchos cristianos han escrito sobre este tema, por ello, resumiremos sus hallazgos en forma de preguntas:

1. ¿Poseen *integridad,* es decir, un carácter que manifiesta humildad, que practican la oración, son honestos, están dispuestos a aprender, son estables en todo su caminar con Dios a la luz de su Palabra y el poder de su Espíritu?

---

[7] Warren G. Bennis y Robert J. Thomas, "The Crucibles of Leadership," en Harvard Business Review, *HBR's 10 Must Reads on Leadership,* 97-113.

2. ¿Toman la *iniciativa*?
3. ¿*Influyen* en los demás?
4. ¿Poseen la *intuición* necesaria para relacionarse con los demás?
5. ¿Poseen la *inteligencia* que se requiere para encontrarle sentido a los problemas y saber qué pasos tomar?

Ya hemos considerado lo importante que es la «integridad» y el papel que juega en el proceso de llegar a ser una persona confiable. En cuanto a tomar la «iniciativa», se trata de que se den cuenta de que algo hay que hacer respecto a algún asunto y que le den solución sin que se les pida que lo hagan. Puede ser algo tan sencillo como ordenar las sillas o abrir las puertas. En cuanto a la «influencia», se debe ver si logran que los demás los sigan, quizá cuando tomen la iniciativa de organizar las sillas o abrir las puertas. En cuanto a la «intuición», es algo difícil de detectar, pero la manera más fácil de verla en acción es fijándose cómo interactúan con gente de distinta edad. La «inteligencia» que buscamos quizá no se manifieste por medio de las calificaciones o experiencia previa, dado que es más un asunto de ejercer buen criterio que de tener conocimiento. Se puede verificar esto entablando conversación con ellos acerca de temas de liderazgo, sin tener que revelar nada personal y privado, y evaluar las respuestas que ofrezcan. Todos estos asuntos son cosas que podemos evaluar sin vernos en la necesidad de colocar a la gente en puestos de liderazgo, con el fin de observarlos primero antes de confiarles aquellas responsabilidades.

Ken Kamau, pastor titular de Kileleshwas Covenant Community Church en Nairobi, Kenya, ha llegado a una conclusión sorprendentemente similar a los requisitos que hemos presentado acerca de los líderes y que siguiendo la idiosincracia del idioma inglés, ha usado cinco palabras que empiezan con la letra c: *character, chemistry, competence, capacity* y *calling*.[8] Obviamente, nosotros no podemos repetir aquella consonancia, así que los denominaremos de la siguiente manera: carácter, química, aptitud, capacidad y llamado. «Carácter» equivale a «integridad». «Química» tiene que ver con que la persona encaje bien en el equipo de líderes, así que es similar a «intuición». «Aptitud» es la

---

[8] Ken Kamau, *First Things First: Growing in Pastoral Ministry* (Nairobi: HippoBooks, 2016), 74–75.

habilidad de cumplir con las metas, así que es similar a «inteligencia». «Capacidad» consiste en «tener la habilidad emocional, psicológica y espiritual para asumir una nueva responsabilidad y entregarse plenamente a la tarea sin tomar en cuenta las circunstancias»,[9] lo cual es un indicador de madurez y quizá sea similar a una combinación de tomar la «iniciativa» e «influir» en los demás. El «llamado» se da por sentado en nuestra lista anterior, pero es necesario que lo recalquemos, dado que alguien que tenga todos estos atributos pero que no esté consciente de un llamado, no podrá asumir ningún liderazgo por el momento. Es crucial que los líderes quieran dirigir a los demás o, por lo menos, que tengan la voluntad de hacerlo, si es que creen que han sido llamados a dirigir a los demás.

Una de mis más grandes alegrías en el ministerio cristiano ha sido ver que la gente logra desarrollarse en puestos de liderazgo. He visto la manera en que otras personas han logrado ser líderes en el ministerio de niños, de jóvenes, de congregaciones, colegios, negocios y otras organizaciones. Al haber podido laborar en instituciones educativas en el Reino Unido y los Estados Unidos, me ha permitido tener la alegría de ver madurar a líderes hasta el punto en que pueden servir a niveles más altos. Alguien ha sacado el cálculo que en treinta años de ministerio un pastor puede llegar a influenciar a cien mil personas. La influencia es extensa. Y, además, todos los líderes influyen en los demás, ya sea en mayor o menor grado que aquellas cien mil personas. ¡Qué gran privilegio es poder cultivar líderes!

En algunos contextos de África o Asia, es posible que los líderes ocupen cargos porque son ya líderes de la comunidad, como el jefe del pueblo o la aldea, y no debido a su fe cristiana. Esto nos presenta un problema particular. Si bien su experiencia nos puede servir debido a que conocen bien su comunidad, existe el peligro de que los valores y la perspectiva cristiana no congenie con ellos. En lo posible, habrá que dedicarle un tiempo especial a ellos para ganarse su confianza y así poder compartir de una manera más personal los objetivos que deseas que ellos alcancen y la manera en que todo ello será de beneficio para su comunidad. Ora por ellos, sus familias y su círculo de amistades, y testifica de tu fe cuando sea adecuado.

---

9 Kamau, *First Things First*, 75.

Desarrollar las habilidades de líder

Una vez que hayamos podido identificar quiénes serían los posibles líderes y que a su vez tengan las cualidades necesarias, podemos evaluar la condición de sus destrezas para pastorear, enseñar, reprender y ofrecer hospitalidad, y así poder determinar qué áreas requieren mayor desarrollo. No todos los líderes están conscientes de que tienen el don de la *hospitalidad*, sin embargo, todos los que aspiran a puestos de liderazgo tendrán que aprender a ser hospitalarios dado que gran parte de su labor depende de ello, esto es, reunirse con gente y discipularla. Les convendrá mucho convertir a sus hogares y oficinas en lugares de acogida y también librarse de las preocupaciones de tener a visitas en casa y que éstas los critiquen. Aprender a ofrecer algo de beber y comer con el fin de hacer que las visitas se sientan cómodas y libres para conversar es algo que todos podemos hacer, incluso por aquellos que no tienen el don de la hospitalidad. Y si estos aspirantes a líderes no se sienten seguros de preparar algo de comida, pueden pedirle a alguien que lo haga o, de ser necesario, comprar comida preparada. Estas sencillas destrezas pueden desarrollarse con la práctica. Al fin y al cabo, no se trata de ofrecer una comida espléndida, sino de crear un ambiente propicio para conversar y orar.

Las habilidades para saber pastorear un grupo de personas, enseñarle y, si es necesario, exhortarle, se aprenden mejor si uno se coloca bajo la tutela de un líder con experiencia. Para dominar las destrezas de *pastorear* a los demás, los aspirantes a líder podrían unirse a un grupo que lo dirige otro líder experimentado, luego ascender a su asistente y finalmente recibir la responsabilidad plena del grupo combinada con una supervisión continua. Tuve la oportunidad de realizar exactamente eso en colegios y universidades cristianas. En el caso de otros, quizá tengan estas oportunidades en campamentos cristianos, en clases bíblicas y en iglesias. Estos centros funcionan como incubadores muy importantes. Una gran cantidad de líderes del día de hoy están agradecidos por haberse formado en aquellos lugares.

Así mismo, los aspirantes a líderes deben aprender a *enseñar* a los demás, ya sea porque su futuro trabajo incluirá la enseñanza o porque, en calidad de líderes, necesitarán explicar lo que piensan respecto a su visión y los pasos necesarios para llevarla a cabo. Podrán aprender esta habilidad presenciando la labor de docencia de otros, cuando enseñen a niños, jóvenes o adultos, y luego ellos mismos llevarán a la práctica lo aprendido. Luego de graduarme de la universidad, pasé dos años enseñando física. En varios sentidos, fue un bautismo de fuego, especialmente dado que yo era un joven de veintiún años y mis alumnos de dieciocho y que se veían más viejos que yo. Pero aprendí mucho respecto a tener una meta docente clara y saber cómo llevarla a la práctica de maneras que motive e involucre a mis alumnos, gracias a apuntes que preparaba cada año. Si tenía temas que no era claros para mí, sencillamente los repasaba hasta que los entendía plenamente o sino no habría sido posible comunicárselo a los jóvenes estudiantes. Especialmente cuando les enseñaba nuevas lecciones, a menudo el docente es el que aprende más. Qué gran oportunidad es ésta para un aspirante a líder, no solo poder aprender el oficio de docente, sino descubrir más acerca de la fe y al mismo tiempo poder compartirla con los demás.

Reprender o exhortar puede llegar a ser una de las habilidades más difíciles de aprender, sin embargo es una de las más necesarias para todo líder. Quizá la mejor manera de aprender esta habilidad es por medio de otros líderes más experimentados o por capacitación profesional respecto a cómo entablar una conversación tan franca. Yo aprendí bastante de ello en mis dos años de experiencia docente, aunque tuve luego que readaptarla para el contexto entre personas adultas. En la cuarta fase repasaremos este tema cuando discutamos la manera en que se debe capacitar a líderes. Todas estas experiencias deben servir de ayuda para que los líderes mejoren su conocimiento, la confianza en sí mismos y el nivel de autoconciencia que poseen del asunto, lo cual les servirá de ayuda en su desarrollo. Este nivel de autoconciencia ha sido identificado por Daniel Goleman como uno de los cinco elementos de la inteligencia emocional que todo líder necesita,[10] junto al autocontrol emocional, la motivación, la empatía y las habilidades sociales.

---

[10] Daniel Goleman, "What Makes a Leader?," *Harvard Business Review* (enero de 2004): 82–91, https://thisisthrive.com/sites/default/files/What-Makes-a-Leader-Daniel-Goleman.pdf.

Coordinar las funciones del líder

Si se tiene cierta cantidad de equipos que los dirigen distintos líderes, debe haber alguna manera de coordinarlos con el fin de lograr la máxima efectividad. Debe haber un equipo de líderes que dirigen todo, bajo un consejo directivo, con el fin de supervisar las actividades diarias de la iglesia u organización, así como el equipo ministerial de St. Helen. Será de mucha ayuda que los demás líderes informen de manera directa o indirecta a uno de los miembros del equipo ministerial. De esta manera, los que participan en cualquier aspecto de la organización, sabrán que son escuchados, que forman parte del proceso de decisiones y que hay canales de comunicación que permiten que la información fluya libremente hacia el cuerpo de líderes y desde éste. Una manera muy útil de visualizar quién informa a quién es tener un organigrama, el cual también servirá no solo a los que son nuevos en la organización sino también a los que ya forma parte, para que aprovechen la estructura.

Conclusión

Desarrollar y fomentar el crecimiento de líderes consume nuestro tiempo, pero es una labor vital y apasionante. Se trata en realidad de hacer discípulos que a su vez hagan discípulos y durante el proceso convertirse cada vez más en discípulo. Se trata de un ministerio de multiplicación, no solo para la iglesia u organización que diriges, sino también para otras iglesias y organizaciones. Veremos más adelante cómo aprovechar las destrezas de estos líderes. En esta sección nos hemos dedicado a la necesidad de establecer un método de identificación de líderes e incorporarlo a tu vida diaria en calidad de líder, con el fin de que constantemente puedas estar al tanto del surgimiento de otros líderes y hacer todo lo posible para ayudarlos a desarrollar los dones que Dios les ha dado.

Dejarás un legado duradero si desarrollas líderes de esta manera. El empresario cristiano y egipcio, Khaled Bichara, falleció el viernes 31 de enero de 2020 a la edad de cuarenta y ocho años. Fue descrito como el Bill Gates de Egipto luego de una notable carrera empresarial en el campo de las comunicaciones, lo cual incluyó ocupar el cargo de director ejecutivo del grupo Orascom Telecom Holding. Pero, lo que casi no se sabe de su vida es que dedicó mucho tiempo a la formación de otros líderes, especialmente emprendedores que deseaban empezar negocios en Egipto. Lo extenso de este esfuerzo se hizo manifiesto luego de que se supiera de su muerte en un accidente de carreteras y las publicaciones empezaron a inundar los medios sociales de parte de aquellos que se beneficiaron del tiempo que les dedicó. Muchos de ellos reconocieron que jamás habrían podido lograr lo que lograron sin la ayuda de Khaled Bichara. Los líderes saben muy bien qué se necesita para dirigir a los demás y tienen frente a ellos grandes oportunidades para invertir en las vidas de otros líderes. Es una inversión de tiempo, pero es tiempo bien invertido.

Ejercicios adicionales

¿Cómo crees que podrías mejorar como líder desarrollando a otros líderes?

1. ¿A quién conoces que ya es un líder? Elige de tres a cinco personas.
   (a) ¿Qué cualidades les han sido muy útiles en esta labor?
   (b) ¿Se te ocurren otras áreas donde su liderazgo daría buenos resultados?
   (c) ¿Que otra oportunidad nueva crees que encajaría bien con ellos?
   (d) ¿De qué manera podrías ayudarlos para esta nueva oportunidad?
2. ¿A quién conoces que no ocupa ningún cargo de liderazgo pero que tiene las aptitudes para ello? Elige otras tres a cinco personas, si es posible.
   (a) ¿Cuáles serían los primeros pasos que les sugerirías?
   (b) ¿En dónde crees que su liderazgo sería más útil en el futuro?
   (c) ¿Qué asuntos del conocimiento, las habilidades o el carácter crees que cada uno de ellos debería tratar con el fin de alcanzar este potencial?
   (d) De qué manera podrías ayudarlos a desarrollarse como líderes plenos?

Discernir la visión

Una vez que te hayas ganado la confianza de la gente y hayas identificado a los líderes, podrás pasar a la siguiente fase del liderazgo: discernir la visión. A estas alturas, ya habrás logrado establecerte como líder, conoces la historia y la situación actual de la iglesia u organización y has agrupado a un equipo de líderes, algunos de los cuales han sido identificados como miembros del equipo directivo de líderes. Demos por sentado que a estas alturas existe un ambiente de paz y armonía que permita tranquilidad para la formación de una visión. Si la gente todavía está muy ansiosa respecto a algún problema urgente de la iglesia o la organización, será difícil dedicar tiempo juntos a reflexionar acerca del futuro. Sin embargo, cuando haya niveles bajos de ansiedad, este proceso de discernimiento de la visión puede fomentar un mayor nivel de paz y productividad.

Cuando alcances esta fase, será hora de aclarar lo que el futuro les depara si es que desean que la iglesia u organización le vaya bien. ¿Cómo describirías el escenario de aquí a cinco o diez años si es que se logra cumplir con el potencial que Dios les ha dado? De ello se trata la pregunta en torno a la visión. Una vez que logres responderla, podrás consolidar a la gente en torno a esta meta y asegurarte de que todo lo que la iglesia u organización haga se dirija hacia aquella meta. Te ayudará con tu misión y ministerio, con la selección y el desarrollo del personal y con la recaudación de fondos y su buena administración. Será de una gran bendición para el líder y el resto de la organización.

Sin embargo, esta visión por sí sola no será suficiente. Tan solo te ofrece respuesta a la pregunta «¿hacia dónde creemos que Dios nos está dirigiendo?» pero no te aclara la razón por la que deben tomar ese rumbo o la manera en que deben hacerlo. Así que, el líder no solo tiene la obligación de expresar la visión con claridad, sino que idealmente debe también comunicar el propósito, que soluciona el «por qué» de la interrogante y los valores fundamentales, que solucionan el «cómo» de la interrogante. Entonces, tendrás lo siguiente:

- *La visión:* hacia dónde se dirigen y en que se están convirtiendo si es que siguen la ruta que Dios les ha puesto por delante;
- *El propósito:* la razón por la que tu iglesia u organización existe; y
- *Los valores fundamentales:* la manera en que llevarás a cabo el propósito.

En el caso de Moisés, su visión fue ver que el pueblo de Dios lograra vivir en la tierra prometida. Hacia *allá* se dirigían. Su propósito era que en aquel viaje lograrán depender de la guía y la provisión diaria de Dios a lo largo del desierto, con el fin de atestiguar de la gloria y la fidelidad de Dios entre las naciones que los rodeaban. Aquella fue *la razón* por la que se marcharon al desierto. Los valores fundamentales que dirigieron sus pasos fue mostrar amor, en respuesta al amor de Dios que los liberó de la esclavitud de Egipto; mostrar confianza en el Dios que había demostrado ser extremadamente confiable; y mostrar obediencia, la cual pone por obra aquel amor y confianza (ver Dt 30.16). Así es *cómo* debían realizar su viaje: con amor, confianza y obediencia. La visión, el propósito y los valores fundamentales son invalorables para todo líder y saber descubrirlos es una de las tareas más importantes que debe hacer. Estos tres elementos juntos permiten que el líder pueda trazar la ruta que está por venir.

Aún recuerdo la ocasión cuando escuché por primera vez acerca de la visión, el propósito y los valores fundamentales en el mundo de los negocios y, debo admitir, que dudaba mucho de su utilidad. Me parecían algo artificiales y superfluos. Pero pude reconocer su potencial cuando los vi en acción. También dudaba mucho de su utilidad en círculos cristianos, porque temía que todo se inclinara hacia los negocios y se perdiera el sentido de dependencia en la dirección divina. No fue sino hasta que pude usarlos en la iglesia y en la educación teológica que me di cuenta de cuán útiles pueden ser para descubrir la dirección divina y poder comunicársela a los demás.

Obviamente, hay muchas iglesias y organizaciones que florecen y que no han dado a conocer su visión, propósito y valores fundamentales, por ello no es algo que sea estrictamente indispensable. Sin embargo, en mi experiencia con esta clase de organizaciones, poseen por lo general estos elementos pero son más implícitos que explícitos. Una persona perceptiva y que recién llega a la organización podrá con el tiempo darse cuenta e identificar estos tres elementos. Por ello, sugiero que aquellas iglesias u organizaciones consideren los beneficios de comunicar con mayor claridad su visión, propósito y valores fundamentales de una manera interna y externa, dado que estoy convencido de que con ello lograrán una mejor inversión de su tiempo.

Descubrir la visión: un caso práctico

La visión

El momento en que me di cuenta de que debíamos descubrir la visión para la iglesia de St. Helen sucedió cuando alcanzamos la posibilidad de contratar a una o dos personas para nuestro personal y nos preguntábamos cómo hacerlo. ¿Qué debíamos hacer para asegurarnos de que su labor se coordine con lo que ya estábamos haciendo? Invitamos a un consultor de la Sociedad de empleados pastorales, Laurence Gamlen, cuyos consejos fueron muy útiles respecto a este problema. La primera pregunta que nos hizo fue la siguiente: «¿Explíquenme su visión?» Apresuradamente buscamos entre viejos documentos y encontramos una visión escrita hace muchos años, pero francamente ya no encajaba con nosotros. Era una visión demasiado soñadora e irrealista. Así que, el consultor procedió a ayudarnos a refinar aquella larga descripción de la visión en una que nos fuera tremendamente útil y que nos sintiéramos identificados con ella. En retrospectiva, ahora nos damos cuenta de que debimos haber tenido aquella visión ya lista antes de decidir a quién contratar, con el fin de asegurarnos de que tendríamos un equipo de personal que pudiera llevar a cabo el propósito que teníamos en mente y no tan solo integrar a alguien más al personal. Pero incluso a estas alturas fue muy útil para nosotros.

Empezamos el proceso de descubrimiento de la visión planteándonos tres preguntas:

- ¿Qué es lo que ha sucedido en la historia de esta iglesia que nos podría indicar hacia dónde nos dirige Dios, al tiempo que intentamos descubrir la visión de Dios para nuestro futuro?
- ¿Qué aspecto tendría la iglesia si las cosas que deseamos que sucedan se cumplen? ¿Cómo, entonces, describiríamos a la iglesia?

Estas preguntas nos ayudan a poner por escrito cómo sería si la iglesia alcanzase su madurez. Se trata de una visión para el futuro que preferimos ver. El proceso empezó con mucha oración y consultas entre pequeños grupos de líderes, quienes lograron redactar un borrador de la visión. Luego, compartimos la visión con otros líderes y miembros de la congregación y procedimos a pulirla varias veces hasta que sintiéramos que nos pertenece.

La redacción final era la siguiente: «Nuestra visión consiste en ser una iglesia que se preocupa por los demás, que extiende su brazo de ayuda, que demuestra que Jesús vive y que cambia vidas». Creímos que era lo suficientemente corta como para poder memorizarla, pero elocuente como para inspirarnos. Queríamos ver qué sucedería.

Una vez que la visión fuera aprobada, sería un asunto de comunicársela a la congregación. Tuvimos una serie de sermones en torno a la visión e impartimos clases a todas las edades. La usamos en los membretes de la iglesia, la colocamos en las pizarras de anuncios y la mencionábamos cuando se daba la oportunidad. Mandamos imprimir tarjetas de bolsillo para que los miembros las llevaran consigo, la recordaran e invitaran a otros a los cultos de la iglesia. La visión expresaba la dirección a la que nos dirigíamos como iglesia y la usábamos todo el tiempo.

Esta visión realmente nos ayudó a unir y consolidar a la iglesia. Nos permitió ver el aspecto que St. Helen tendría si todas nuestras distintas energías se concentraran para alcanzar el lugar que creíamos que Dios nos llevaría. Tuvo también un efecto alentador fuera de la iglesia, dado que pudimos decirle a la gente: «Les compartimos nuestra visión. ¿Qué les parece? ¿Se animan a ser parte de ella?» Nos fue muy útil para reclutar y orientar al personal de la iglesia porque pudimos aclararles lo que intentábamos hacer. También nos ayudó a establecer prioridades respecto a la manera en que gastaríamos tiempo y dinero. Si había algo que nos impedía avanzar hacia la visión, entonces lo considerábamos algo que podríamos descartar. De hecho, lo mejor era no hacerlo.

Propósito

Luego, teníamos que preguntarnos: ¿cuál es el propósito fundamental de la iglesia si elegimos esta visión? Una vez más, la consulta que hicimos nos sirvió de mucha ayuda, ya que nos permitió recordar el propósito de toda iglesia, esto es, hacer discípulos de todas las naciones (Mt 28.19), y luego explicar lo que ello significa específicamente para esta iglesia. Sin duda que debíamos involucrarnos en rendirle culto a Dios, en aprender, promover la hermandad, el evangelismo y la caridad, ¿pero qué cosa en particular debíamos hacer? ¿Cuál era la razón de nuestra existencia en esta congregación? Al final, logramos definir no solo uno sino tres propósitos:

1. Que como discípulos comprometidos, nuestra experiencia de Dios crezca
2. Que como un cuerpo cristiano, nuestro amor y atención el uno por el otro crezca
3. Que sirvamos a la comunidad y compartamos las buenas nuevas de Jesús en el mundo

El primero de ellos tenía una dirección mayormente vertical, hacia Dios y como respuesta a él. El segundo seguía mayormente un sentido interno respecto a la vida de la congregación y la manera en que aprendíamos a cuidarnos unos a otros con el fin de poder cuidar de la comunidad en general. El tercero era mayormente externo, respecto a cómo alcanzar a la comunidad de nuestro entorno y llevarle el evangelio de Jesucristo. Se podría resumir de esta manera: hacia arriba, hacia adentro, alrededor. Hemos estado usando estos tres propósitos con bastante frecuencia. En su libro de superventas *Una iglesia con propósito*, Rick Warren, pastor titular de la iglesia Saddleback en California, recomienda que se descubran maneras de repetir el propósito de la iglesia por lo menos una vez al mes.[1] De esta manera podrá poco a poco formar parte de la vida de la congregación.

---

[1] Rick Warren, *The Purpose Driven Church: Growth without Compromising Your Message and Mission* (Grand Rapids, MI: Zondervan, 1995), 111–119.

Valores fundamentales

A estas alturas, la iglesia de St. Helen ya tenía una idea respecto *hacia dónde* nos estaba guiando Dios (nuestra visión), y *la razón* por la que creíamos que así debía ser (nuestro propósito), pero ello nos dejó aún con una interrogante: el *por qué*. ¿Cómo llevaríamos a cabo todo esto? ¿Qué camino debíamos seguir en el diario vivir mientras intentábamos llevar a cabo nuestro propósito para cumplir nuestra visión? Para ello, era necesario que describamos las cosas que más valorábamos de entre todo lo demás. En realidad nunca habíamos descrito con toda claridad los valores fundamentales de St. Helen. La primera vez que aprendí lo importante que era describirlos fue cuando estuve al mando del Trinity School for Ministry. Pero si tuviese que proponer los valores fundamentales de la iglesia de St. Helen, lo haría de esta manera:

1. Criar a los jóvenes en la fe cristiana
2. Criar discípulos de Jesucristo
3. Suplir líderes para la iglesia en general
4. Apoyar a las misiones mundiales

Es obvio que pusimos bastante énfasis en el ministerio de niños y jóvenes, y lo hicimos por medio de muchas reuniones durante la semana para cada grupo. Invertimos bastante esfuerzo en aquellos ministerios. También era obvio que nos preocupaba el discipulado y la entrega a una vida de constante superación espiritual. Además, St. Helen poseía una extraordinaria historia de haber producido líderes para la iglesia a partir de una relativamente pequeña congregación. Y también teníamos un gran y sorprendente número de misioneros que se habían marchado al extranjero. Aquellos eran por lo menos cuatro de los valores fundamentales que la congregación sostenía y que dirigía la manera en que llevábamos a la práctica nuestro propósito. Estos valores aclaran la razón de ser de la iglesia y ayudan a que la gente pueda darse cuenta cómo contribuir a su crecimiento y desarrollo.

Cuando asumí la dirección del Trinity School for Ministry, ya existía un propósito bien claro. Este era el siguiente: «formar a líderes cristianos para la misión». Era un propósito excelente, que ofrecía claridad y brevedad respecto a nuestra tarea. Los valores fundamentales se resolvieron en un retiro que fue parte del proceso que me contrató para el puesto de liderazgo, dado que la comisión de búsqueda estaba consciente de que debía aclarar los valores con el fin de determinar si el candidato estaba de acuerdo con estos. Los miembros del consejo, la facultad y las partes interesadas se reunieron durante un día para orar, intercambiar ideas y redactar un documento que describiera los valores de Trinity. Se describió con suma atención a cada uno de ellos, pero los encabezados de cada uno de los valores aparecieron de esta manera:

1. La identidad evangélica y anglicana
2. Acoger la faceta evangélica, carismática y católica de la iglesia
3. Servir a la iglesia
4. Nivel sobresaliente de educación y erudición
5. Profunda formación junto con la comunidad
6. Ser un centro para el discipulado
7. Promover la educación a lo largo de la vida
8. Confiar en la providencia de Dios

Estos valores fundamentales, puestos por escrito, nos han ayudado a establecer una cultura organizativa en Trinity, en donde se describe la razón de ser de la organización y lo que más valora. Estos valores puntualizan las cosas que se promueven y las que no, en dónde se invierten esfuerzos y dónde no. También adquieren un valor especial cuando se anticipan cambios. Demostraron ser muy útiles cuando se consideró una posible colaboración con denominaciones luteranas y presbiterianas, con otras universidades, iglesias y un ministerio estudiantil. Fue muy importante que compartiésemos estos valores fundamentales si deseábamos que estas participaciones dieran buenos resultados. Estos valores también demostraron ser muy fructíferos en el éxito de estas colaboraciones.

Pudimos poner por escrito la visión de Trinity School for Ministry más tarde, gracias a una considerable ayuda de parte de uno de los miembros del consejo directivo, que había trabajado anteriormente para una empresa eléctrica multinacional. Al inicio de mi segundo año como director, un equipo de miembros del consejo, la facultad y alumnos empezaron a reunirse semanalmente para trazar la ruta por la que Dios había usado a la institución a lo largo de los años, usando a los seis anteriores directores como referencia para señalar las seis eras de su vida institucional. Luego de ello, nos preguntamos: «si mantenemos esta trayectoria, ¿hacia dónde parecería que el Señor nos está llevando?» Y, «si tuviésemos que describir el resultado final de este viaje de la manera en que quisiéramos que suceda, ¿qué diríamos?»

Una de nuestras luchas fue cómo incluir nuestra entrega al anglicanismo evangélico sin tener que sugerir que nuestra visión era ver a todos convertirse al anglicanismo evangélico. Ello hubiera contradicho nuestro segundo valor, que es acoger a las distintas facetas de la iglesia y también hubiera limitado nuestra visión. Además, hubiéramos perdido el sentido de ecumenismo que forma parte del mundo evangélico y anglicano. Se suscitó un avance en este proceso cuando nos dimos cuenta de que sencillamente podíamos describir nuestra tarea afirmando que éramos un seminario evangélico en la tradición anglicana antes de aclarar la parte principal de la visión. El resultado fue una declaración respecto a nuestra visión que resultaba describir nuestra identidad en la primera parte de la oración, esto es, quiénes éramos, y la visión en sí en la segunda parte, esto es, hacia dónde nos dirigíamos:

> Trinity School for Ministry es un seminario evangélico perteneciente a la tradición anglicana. En este mundo fracturado, queremos ser un centro global para la formación de cristianos, que produzca líderes sobresalientes y capaces de plantar iglesias, renovarlas y hacerlas crecer con el fin de que hagan discípulos de Jesucristo.

Si tuviésemos que reducir esta declaración a su esencia, el resultado sería el siguiente: «ser un centro global para la formación cristiana». Pero toda la declaración de la visión, empezando con la parte de la identidad, demostró ser muy valiosa y es un formato que recomendaría a todos los demás.

Me sorprendió en gran manera cuán bien aquella visión encajaba con nosotros. Nos ayudó a concentrarnos en un futuro prometedor. Junto a nuestro propósito y los valores fundamentales, desempeñó un papel protagónico para dirigir al liderazgo de la institución y del consejo directivo en sus deliberaciones, en la contratación y motivación de la facultad y el personal y la recaudación de fondos y administración de los recursos. Fuimos ampliamente recompensados por todo el esfuerzo que dedicamos para redactar aquellas declaraciones. Sospecho que siempre sucede así.

Cuando tuve la oportunidad de impartir clases en el Anglican Leadership Institute de Carolina del Sur en enero de 2018, se invitó a los delegados a que compartieran la visión, el propósito y los valores fundamentales de los ministerios que ellos representaban. Cada uno de ellos fue muy distinto y demostró las ventajas de tener tu visión, propósito y valores fundamentales por escrito. A continuación ofrezco algunos ejemplos de ellos:

- Mike Adegbile, director ejecutivo del Nigerian Evangelical Missions Association, compartió su visión de esta manera: «ver que la gloria de Dios se glorifique al tiempo que todas las manifestaciones de la iglesia global se movilizan como una fuerza de la misión global, con sinergia para cumplir la tarea de la evangelización mundial». Respecto a su propósito, dijo lo siguiente: «Existimos como una red que facilita el sentido de comunidad entre los movilizadores, por medio de la comunicación, la cooperación y la colaboración». Los valores fundamentales de la asociación son los siguientes: «colaboración y sinergia, unidad en la diversidad, asociaciones conjuntas, movilizaciones catalizadoras, prácticas adecuadas, el carácter central de la iglesia local, apoyo a organizaciones y la misión global».
- Francis Barongo, arcediano de la Diócesis de Kitari, Uganda, tuvo una visión personal: «tener un ministerio cristocéntrico que alivie el sufrimiento humano y otorgue la gloria a Dios». Su propósito era el siguiente: «seguir esforzándonos para aprovechar los recursos disponibles que tenemos a nuestro alcance», y sus valores fundamentales fueron: «fidelidad, esfuerzo, autodisciplina, recibir a las visitas y criar una familia estable que glorifique a Dios».
- Eraste Bigirimana, obispo de Bujumbura, Burundi, compartió su visión diocesana: «que la comunidad sea transformada por el evangelio y se entregue a su desarrollo holístico». Su propósito fue llevar a cabo las cinco marcas de la misión de la comunión anglicana: «proclamar las buenas nuevas del reino; enseñar, bautizar y formar a los nuevos creyentes; responder a la necesidad humana por medio de un servicio de amor; buscar la transformación

de las estructuras injustas de la sociedad, denunciar toda clase de violencia y buscar la paz y la reconciliación; y esforzarse por salvaguardar la integridad de la creación y sostener y renovar la vida en la tierra». Los valores de la diócesis son «el amor, la compasión y la solidaridad».

- Henok Hariyanto, director de la confederación de congregaciones de la Iglesia Anglicana en el archipiélago Riau de Indonesia, dijo que su visión era la siguiente: «establecer una parroquia»; su propósito: «tener una entrega total al culto a Dios, el evangelismo, el discipulado, la hermandad y la misión».

- James Kennedy, rector del Chipping Norton in the Cotswolds, Inglaterra, quien supervisa a nueve iglesias, dijo que su visión era la siguiente: «amor, ampliar y profundizar nuestro culto a Dios y oración comunal; servir, extender nuestro alcance, especialmente a familias vulnerables; y crecer, invertir esfuerzos en el discipulado personal por medio de grupos pequeños». Su propósito es el siguiente: «compartir el amor de Jesús que cambia vidas, sirviendo a toda la comunidad». Los valores fundamentales son los siguientes: «las relaciones, el culto y la bienvenida (en lo que creemos); la familia, la educación y el crecimiento (quiénes somos y hacia dónde nos dirigimos); y la comunidad, el testimonio y el servicio (lo que hacemos)».

- Godwin Makabi, rector del Christian Institute, instituto teológico de la diócesis anglicana de Jos, Nigeria, dijo que su visión era la siguiente: «ser un seminario donde sus alumnos estén equipados (amar a Dios y conocerlo) para la obra del ministerio y para edificar el cuerpo de Cristo de una manera espiritual, numérica, física, intelectual y económica». Su propósito fue: «criar jóvenes que lleguen a involucrarse en la gran comisión: misión, evangelismo y alcance a la comunidad. Ello incluye la misión en su área geográfica inmediata, en otras partes de Nigeria, en África y en otras partes del mundo donde el Señor los llame». Los valores fundamentales de la institución fueron los siguientes: «Cumplir la mejor tarea posible en el desarrollo holístico de los alumnos, con énfasis en la disciplina, la integridad y el servicio, y acompañado de oración y culto a Dios en el centro de sus vidas».

- Francis Matumba, capellán diocesano encargado del entrenamiento en la diócesis del lago Malawi, Malawi, compartió la visión diocesana: «ser una iglesia que ora y se preocupa por los demás y que vive según la Palabra de Dios para la salvación de la humanidad». Su propósito fue: «llevar la salvación y el crecimiento espiritual a la comunidad diocesana y más allá, por medio del evangelismo, el discipulado y el desarrollo socioeconómico». Los valores fundamentales de la diócesis fueron: «la Escritura, la integridad y honestidad, la administración y las ofrendas, los sacramentos y la tradición litúrgica, y la práctica de la humildad».
- También hubo una visión de parte del Jardín de infancia Katundu, en Katundu, la cual fue la siguiente: «reducir el analfabetismo en lugares remotos»; su propósito fue: «lograr que las niñas jóvenes puedan leer la Palabra de Dios». La preocupación general es que tan solo el cuarenta y cinco por ciento de los jóvenes pueden leer y escribir.
- Sam Parddy, arcediano de la diócesis de Kofoidua, en Ghana, dijo que su visión era la siguiente: «construir un edificio para la iglesia»; su propósito fue: «reclutar líderes y obreros para la construcción de la iglesia»; y sus valores fundamentales fueron: «oración, confianza, paciencia, constancia, valentía, amor, bondad y unidad».
- Greg Snyder, rector de la iglesia de St. John, en la isla de St. John, Carolina del Sur, Estados Unidos, compartió su visión: «ser una familia parroquial que se preocupa por la comunidad, que prepara discípulos para el ministerio global, comparte la gracia sanadora de Jesucristo y anuncia el poder del Espíritu Santo», lo cual dijo que encaja bien con la visión de la diócesis: «producir anglicanos bíblicos para esta era global».

Estas visiones, propósitos y listas de valores fundamentales no siempre terminan usándose de la misma forma. A veces tienen un objetivo mucho más amplio como, por ejemplo, una nación o el mundo entero, y en otras ocasiones, poseen un énfasis más reducido como, por ejemplo, una diócesis, una iglesia o una tarea específica como la construcción de un edificio para la congregación. Sin embargo, sea la manera en que se usen, lo más importante es que manifiestan claridad y cohesión al trabajo que se está llevando a cabo y sirve de ayuda para que los líderes cumplan su llamado divino en aquel lugar.

Discernir la visión: los ingredientes

Como hemos visto, una vez que hayamos logrado ganarnos la confianza de la gente y hayamos podido identificar a los principales líderes, será un buen momento para discernir la visión y pensar en el propósito y los valores fundamentales que implica dicha visión. Quizá formes parte de un equipo de plantadores de iglesia y ya es hora de que describas qué clase de iglesia es la que crees que el Señor te ha llamado a plantar. Quizá pertenezcas a un equipo de líderes de una iglesia u organización ya establecida y desees mayor claridad respecto al futuro. O quizá tus líderes formen parte de un colegio, instituto o universidad, o puede ser que supervises la obra local, nacional o internacional de algún ministerio y deseas poner por escrito la visión que Dios te ha dado para los próximos cinco o diez años. ¿Cómo llevarás a cabo todo ello?

En lo posible, sería recomendable que te reúnas con un consultor que te ayude con esta tarea, tal como hicimos en St. Helen. Encontrar al consultor adecuado puede ser todo un reto, así que vale la pena considerar todas las opciones y buscar recomendaciones de parte de aquellos que ya han solicitado los servicios de un consultor, con el fin de evaluar su aptitud. Sin embargo, ya sea que logres consultar a un experto o no, valdría la pena conocer todo lo que conlleva este proceso y visualizar el papel que juegas en este. Empezaremos con la visión y luego pasaremos al propósito y los valores fundamentales.

Discernir una visión

El primer paso es asegurarte de *que tengas la autorización del consejo directivo*, que te confirmará si ahora es el momento adecuado para elaborar una visión, un propósito y unos valores fundamentales, y que tienes su total apoyo para esta tarea, la cual podrá parecerse a la que hemos incluido en la nota a pie de página.[2] El consejo directivo está en

---

2 Para más detalles, recomiendo el libro de James Lawrence, *Growing Leaders: Reflections on Leadership, Life and Jesus* (Abingdon: Bible Reading Fellowship, 2004), 197-213.

una posición competente para determinar si es el tiempo adecuado para este proceso y debe servirte de guía para ello. Consistirá en bastante trabajo y sería bueno que al inicio consideres abordar solamente la visión, el propósito o los valores fundamentales, empezando con lo que crees que sería más útil.

Debemos estar plenamente conscientes de que este proceso de discernimiento en grupo quizá sea contrario a las opiniones que algunos líderes tengan. Debemos recordar eventos como cuando Abraham recibió la visión de parte de Dios respecto a que sería una gran nación (Gn 12) y Moisés cuando recibió la visión de Dios para que liberara a su pueblo de la esclavitud y los condujera a la tierra prometida (Éx 3). Estas situaciones aún suceden y debemos estar agradecidos por ellas. Sin embargo, no creo que esta sea la manera en que Dios siempre opera. A veces Dios nos entrega una visión general, como la del nuevo cielo y la nueva tierra de Apocalipsis 21 y 22, y una misión global, la gran comisión de Mateo 28.16-20, y nos invoca a que discernamos qué parte jugamos en todo ello. Quizá así fue como el apóstol Pablo planificó sus viajes misioneros a los gentiles. El Señor también nos provee consejeros, a menudo otros líderes, con el fin de que busquemos la sabiduría de Dios juntos. Tal como dice Proverbios: «Cuando falta el consejo, fracasan los planes; cuando abunda el consejo, prosperan» (Pr 15.22).

El segundo paso es *reunir a los líderes clave*. Es probable que el número ideal sea de unas seis a ocho personas. Deben ser personas entregadas a la oración y que consideren su principal tarea buscar la voluntad del Señor para el futuro. Este equipo debe estar plenamente consciente de los principales ministerios de la iglesia u organización, y debe reflejar la diversidad de su entorno, con el fin de que cualquier miembro de la iglesia se sienta identificado con este y confíe en su labor. Sería de gran ayuda que uno o más miembros del equipo hayan tenido experiencia en la formación de una visión, ya sea en un contexto cristiano o secular. Alguien que tenga experiencia en

---

También se puede recurrir al método *Appreciative Inquiry* (Indagación apreciativa), que se concentra en lo que ha sido y continúa siendo lo más valioso de tu organización, con el fin de trazar la ruta para el futuro. Para mayor información ver https:// www.centerforappreciativeinquiry.net.

el mundo de los negocios se sentirá muy feliz de participar en este equipo.[3] En el caso de St. Helen, tuvimos que revisar la visión en vez de crear una nueva, lo cual fue menos exigente. Coordiné esfuerzos con los capilleros, el director de cultos, el director del ministerio de niños, el evangelista de la parroquia y coordinador de la atención pastoral, con el fin de producir un primer borrador con la ayuda del consultor. Es importante que tengamos cuidado al elegir al equipo, aunque vale la pena recordar que se podrán incluir a otros miembros durante el proceso.

El tercer paso consiste en *investigar el pasado con el fin de identificar la trayectoria que se seguirá en el futuro*. Esta pregunta nos será muy útil: «¿Qué es lo que en el pasado Dios ha bendecido en esta iglesia u organización?» Esto por lo general servirá de clave para lo que se viene por delante. Quizá valga la pena responder a esta pregunta respecto al pasado dividiéndola en períodos de tiempo, en décadas o años bajo distintos líderes. ¿Ha habido antiguas visiones que uno pueda tomarlas como base? ¿ha habido asuntos principales que siempre se han repetido como, por ejemplo, el evangelismo, atención a los sintecho o las misiones internacionales? Estas preguntas serán también útiles cuando se tenga que desarrollar los valores fundamentales. La siguiente pregunta es: «¿dónde crees que el Señor les está guiando?» Esto los llevará directamente a poner la visión por escrito.

El cuarto paso será empezar a combinar los ingredientes que has reunido e intentar *resumir las ideas en una sola oración*. Quizá esta sea la parte más difícil de todas. Aquí es cuando los principales descubrimientos que se dieron en el paso anterior convergen en un borrador de la visión. A estas alturas, es muy importante que participen todos los grupos de la iglesia u organización, en especial sus líderes, así como el consejo directivo, para que ofrezcan sus comentarios acerca del borrador de la visión. Es posible que este paso se repita varias veces porque de seguro que se sugerirán y compartirán nuevas versiones del borrador. A veces es posible realizar este paso en cuestión de días, tal como lo vi suceder cuando el Overseas Council of Australia trabajó

---

3 Ver Richard J. Goossen y R. Paul Stevens, *Entrepreneurial Leadership: Finding Your Calling, Making a Difference* (Downers Grove, IL: InterVarsity Press, 2013), 164–170, respecto a lograr que los empresarios participen en la vida de la iglesia.

conjuntamente con el consejo directivo del Alexandria School of Theology en El Cairo con el fin de discernir su visión. Sin embargo, a menudo el proceso toma varias semanas o incluso meses. Al final, se debe llegar a una decisión. Es posible que no se logre la unanimidad. Al final, los líderes, en especial los principales, deberán adoptar la visión como suya y usarla, por ello deben tomar las riendas del proceso. Si el proceso logra tener éxito, la redacción por escrito de la visión debería permitirte comunicar una visión convincente que logre animar a la gente. Quizá logre describir a la propia organización, tal como hicimos con St. Helen («ser una iglesia que se preocupa por los demás») y Trinity («ser un centro global para la formación de cristianos»), o quizá describa el deseo futuro de la organización, tal como sucedió con Wycliffe Hall («ver que el evangelio transforme a las naciones»). Sea como sea, la visión debe generar entusiasmo y emoción, lo cual es unas de las características que la gente busca en todo líder.[4] La redacción final debe ser lo suficientemente breve como para que se pueda memorizar y lo suficientemente importante como para que anime a los demás. De esto se trata el reto, pero vale la pena.

En el Trinity School for Ministry, este paso de poner por escrito la visión fue el más difícil de todos. Tuvimos suficiente información para trabajar en la visión, pero el reto fue llegar a un acuerdo sobre la redacción final. Este paso fue en donde yo más me involucré. Nuestro primer intento fue demasiado flojo pero felizmente nos hicieron saber de ello. Hubo varias revisiones y recibimos comentarios muy útiles. Cuando por fin pudimos redactar la versión final, solamente hubo que cambiar una sola palabra —«internacional» fue reemplazada por «global»— lo cual fue recibido con mucha alegría. Nos produjo gran alivio a nosotros que estuvimos involucrados en su desarrollo. Repasando lo sucedido, fue un logro muy importante. Tal como Steven Croft dice refiriéndose a la tarea del líder cuando intenta aclarar la visión: «no hay mayor reto que este».[5]

---

4 Rob Goffee y Gareth Jones, *Why Should Anyone Be Led by You? What It Takes to Be an Authentic Leader* (Boston: Harvard Business Review Press, 2019), 194. Las otras características que la gente busca en los líderes son las siguientes: que sean líderes genuinos, que les haga sentir que son importantes y que forman parte de la comunidad.
5 Steven Croft, *The Gift of Leadership – According to the Scriptures* (Norwich: Canterbury Press, 2016), 3.

Sería difícil exagerar la necesidad de la oración y la búsqueda de la guía del Señor en cada paso de este proceso. Discernir la visión es una fase vital en la labor del líder cristiano, que lo lleva a dirigir al pueblo de Dios a la misión que Dios te ha dado. Es necesario que en esta tarea hagas todo lo que puedas para seguir la guía del Señor. La prioridad consiste en seguir buscando la bendición de Dios al tiempo que cumples con lo que Dios te ha mandado hacer. Has de asegurarte que, al describir la visión de aquel futuro, esta debe ser la meta final del Señor y no tan solo lo que tú y los demás desean que suceda. Sin embargo, si todos tus esfuerzos en el proceso de discernir la visión han sido dirigidos para agradar a Dios, puedes confiar de que será la visión de Dios la que logres discernir. Así que, cuando empieces el proceso de discernir la visión, intenta mantener una actitud de dependencia en Dios, que con humildad aguardes que el Señor derrame su luz celestial en tus reuniones y que te revele una descripción del futuro que Dios ha elegido. Recuerda Proverbios 3.5-6: «Confía en el Señor de todo corazón y no te apoyes en tu propia inteligencia. Reconócelo en todos tus caminos y él enderezará tus sendas».

Expresar el propósito con claridad

Con la visión en mano, ahora necesitas expresar de manera sucinta la actividad general que podría dirigir a tu congregación u organización hacia aquella visión. De ello se trata el propósito, el cual responde a la pregunta: ¿por qué nos ha llamado Dios a ser lo que somos? ¿Qué es lo que debemos hacer para convertirnos en la iglesia u organización que se describe en la visión? El presidente de los Estados Unidos, John F. Kennedy, tuvo aquella famosa visión de explorar el espacio. Invocó a que, en un período de diez años, se llevara a cabo la misión de enviar astronautas a la luna y traerlos de regreso. Aquel fue un propósito muy intenso y motivador y que se llegó a cumplir. ¿Qué aspecto tendría un documento con un claro propósito para tu iglesia u organización? Es probable que sea menos dramático que el de Kennedy, pero podría aún tener un efecto energizante.

El mismo equipo que trabajó en redactar la visión sea quizá el más adecuado para continuar con el documento del propósito, expandiendo el trabajo que ya han hecho para describir un futuro lleno de esperanzas. O quizá esto pueda ser hecho por un grupo más amplio como, por ejemplo, el equipo directivo de líderes junto con el consejo directivo. Ahora es un asunto de cambiar el enfoque con el fin de descubrir qué actividades podrían ayudar a llevar a cabo la visión. Esta será una oportunidad para intercambiar ideas respecto al propósito, expresando con claridad lo que se podría realizar para que la visión se haga realidad. Luego será cuestión de dar tiempo a que el grupo exprese cuáles son los elementos más activos que saldrán a la superficie. Luego de ello, se requerirá revisar aquellos elementos para obtener un borrador del propósito, el cual podrá compartirse a otros con el fin de recibir comentarios. Finalmente, quedarán pendientes más revisiones hasta que se llegue a un acuerdo respecto a su forma final. Quizá termine siendo una sola oración, tal como sucedió en Trinity. O quizá contenga dos o tres oraciones, como sucedió con St. Helen.

En Wycliffe Hall, el documento de propósito surgió del trabajo que se hizo en la visión y la revisión del propósito que se hizo antes de mi llegada. Ello significó que teníamos todos los ingredientes que necesitábamos para desarrollar un documento de la visión y el propósito al mismo tiempo. Aclarar la visión fue lo más difícil de los dos y significó que debíamos reconocer de una manera más explícita que antes el papel que jugamos en un mundo más amplio. Nuestra visión es «ver que el evangelio transforme a las naciones». El documento de propósito, entonces, describía con detalles nuestra participación en aquella tremenda tarea: «lograr que los líderes cristianos se renueven por medio de la oración, su carácter, la predicación y su pensamiento». Nos concentramos en la preparación de gente para puestos de liderazgo en la amplia misión de Dios. Esta es nuestra razón de ser. Ha demostrado ser muy útil para nosotros habernos expresado con claridad cómo pensamos lograr todo aquello, esto es, «que el amor de Cristo nos obliga a entrenar a líderes que produzcan discípulos para toda una vida y en la comunidad gracias a una enseñanza que se centre en la Biblia y en una ciudad que nos haga reflexionar». Cada elemento de esta declaración puede luego expandirse de una manera más específica, y ello ha demostrado ser muy útil para conectar una visión más amplia con los detalles de lo que debemos hacer en el diario vivir.

Así como Rick Warren ha aclarado en su libro *Una iglesia con propósito*, los documentos de propósito pueden ser lo que impulse y dirija a una iglesia u organización, junto con la visión ocupando el segundo lugar. El propósito puede seguir existiendo luego de que se haya cumplido con la visión y se requiera una nueva. El énfasis recaerá sobre lo que se está haciendo y el por qué, en vez de concentrarse en la dirección hacia donde uno quisiera llegar. Wycliffe Hall es una de aquellas instituciones donde se apela al propósito con mayor frecuencia que a la visión. Aún valoramos nuestra visión y muchos han expresado cuánto la estiman, pero el propósito es el que juega un papel mucho más intenso y que dirige nuestras vidas diarias. Es capaz de moldear el programa educativo, nos ayuda a enlistar a estudiantes y personal y nos permite evaluar cuán bien nos está yendo. Además, nos recuerda constantemente del propósito por el que hacemos las cosas, lo cual, tal como ha señalado el experto en gestión administrativa, Simon Sinek, tiene un tremendo valor para el líder porque permite que todos tengan mucha energía y se logre avanzar.[6] De hecho, en algunas situaciones será suficiente con tan solo tener un documento de propósito o una visión, además de unos valores fundamentales.

Apresa tus valores fundamentales

Por último, tenemos la tarea de describir tus valores fundamentales. Se trata de los valores que tu iglesia u organización considera que son de máxima estima, los cuales sirven para explicarte a ti mismo y a los demás la razón por la que haces las cosas. Es recomendable que involucres a la mayor cantidad de personas en este proceso. Podría ser el tema del retiro de un día para tu equipo de líderes y el consejo directivo. Quizá valga la pena que incluyas unas cuantas personas que no participan directamente en tu iglesia u organización, pero que comprender y apoyan lo que defiendes y que quizá vean tus valores de una manera más clara desde una perspectiva exterior, tal como sucedió en Trinity. Esto también se considera un proceso donde se intercambian ideas y en el que, por medio de la oración, te propones discernir lo que es más importante para tu iglesia y organización, intentando reducir la lista a cuatro o seis asuntos, esto es, los que consideras que son una prioridad para ti. Debes estar preparado para describirlos con claridad y de tal manera que reciba el mayor

---

6 Simon Sinek, *Start with Why: How Great Leaders Inspire Everyone to Take Action* (Nueva York: Penguin, 2009), 185-186.

apoyo posible de los demás. Consulta tu lista con la mayor cantidad posible de gente antes de tomar una decisión final respecto a ellos, con el fin de que tengas la plena certeza de que has descrito tus valores con precisión. Tal como los investigadores en el campo de la gestión administrativa, Jim Collins y Jerry Porras han señalado, es vital que recuerdes que «tú no "creas" ni "estableces" una ideología de tus valores fundamentales. Tú la *descubres*».[7]

Una vez que logres expresar tu visión, tu propósito y tus valores fundamentales, podrás utilizarlos positivamente con el fin de llevar a cabo dicha visión y contagiar el propósito a muchos y, confiamos, que como resultado de ello poder acercar a los demás a una relación más cercana con Cristo. Así como un arquero, sabes bien hacia dónde estás apuntando, por qué lo haces y cómo piensas dar al blanco. Ahora el asunto es comunicarlo y llevarlo a cabo. Andy Stanley, de North Pole Community Church en Atlanta, ha desarrollado una técnica con el fin de lograr que la visión «tenga efecto»: decirla con sencillez, afirmarla constantemente, repetirla con frecuencia, festejarla sistemáticamente y adoptarla como si fuera tuya.[8] Esta técnica también se puede usar con el propósito y los valores fundamentales. Te recomiendo que este compromiso lo hagas parte de tu vida. También busca anécdotas donde hayas visto que la visión, el propósito y los valores fundamentales se vean plasmados. También tendrás que estar dispuesto a retar toda conducta que vaya en contra de estos tres elementos.[9] Una vez que tengas a mano la visión, el propósito y los valores fundamentales no te será difícil repetirlos y usarlos todo el tiempo. Son capaces de aclarar tantas cosas en cada aspecto de la vida de la organización. Y producen un gran beneficio para todo líder.

---

[7] Jim Collins y Jerry I. Porras, *Built to Last: Successful Habits of Visionary Companies* (Nueva York: HarperCollins, 1994), 228.

[8] Andy Stanley, *Making Vision Stick* (Grand Rapids, MI: Zondervan, 2007), 18–54.

[9] Ian Parkinson ha escrito un capítulo muy útil en torno a establecer una cultura saludable, la cual presenta la siguiente secuencia: modelar, explicar, exponer la disfunción, invitar a la participación y reforzar la cultura que se desea, la cual se resumen en la visión, el propósito y los valores fundamentales, pero en especial en los últimos. Ian Parkinson, *Understanding Christian Leadership* (Londres: SCM, 2020), cap. 6.

Conclusión

Los líderes son los guardianes de la visión y aquellos que siguen tras sus líderes reciben la invitación de aquella visión. El líder en general debe encarnar la visión y ser su máximo promotor, junto a otros líderes que apoyen la visión, lo cual a veces podrá causar que se sientan como Moisés o Hur cuando sostenía el brazo de Moisés (Éx 17.12). Lograr discernir la visión y el propósito y los valores fundamentales que la acompañan, puede ser un proceso difícil y que requiere mucho tiempo, pero no tiene precio. Te otorga claridad respecto a lo que se supone debes hacer, la razón por la que debes hacerlo y la manera en que tienes que llevarlo a cabo. También significa que podrás describir el futuro hacia el cual estás llevando a la gente, siguiendo la dirección de Jesucristo, con el poder del Espíritu Santo. Y cuando tengas aquella visión y te dediques a ella, sabrás que tienes el apoyo de otros líderes y del resto de la congregación u organización. Es casi imposible darle un valor a aquello. Te permite mantener el rumbo futuro, el cual todo líder necesita.

Ejercicios adicionales

¿De qué otras maneras crees que podrías crecer como líder al discernir la visión, el propósito y los valores fundamentales?

1. (a) Escribe una visión para tus próximas vacaciones, idealmente escríbela con la ayuda de alguien que compartirá contigo aquellas vacaciones. Lo que escribas debe describir cómo serán aquellas vacaciones de resultar como pensabas que sería.

   (b) Redacta un propósito para aquellas vacaciones, esto es, la razón por la que te vas de vacaciones.

   (c) Haz una lista de los valores fundamentales que explican la manera en que quieres tomar aquellas vacaciones.

2. (a) Escribe una visión para ti mismo, donde describas lo que quieres ser de aquí a una década o más.

   (b) Escribe un propósito para tu vida.

   (c) ¿Qué valores consideras que para ti son los más imprescindibles?

(d) Combina 2 (a), (b) y (c) en una sola página y colócala donde puedas referirte a ella constantemente, quizá en un lugar bastante visible en tu computador o enmárcala y colócala en tu escritorio.

3. (a) Escribe una visión para tu familia, si tienes una, y describe lo que quieres que sea de aquí a una década o más. Involucra a otros miembros de tu familia en lo posible.

(b) Escribe un propósito para tu familia.

(c) ¿Qué valores consideras que para tu familia son los más imprescindibles?

(d) Combina 3 (a), (b) y (c) en una sola página y colócala donde puedas referirte a ella constantemente como familia, quizá en un lugar bastante visible en tu hogar.

Llevar a cabo los planes

Así que te has ganado la confianza de la gente, has identificado a líderes y discernido la visión, con el apoyo de un propósito y valores fundamentales. Ha llegado ahora el momento de llevar a cabo los planes para cumplir esta visión; se trata de la cuarta fase del liderazgo. Aquí es donde la gran mayoría de líderes pasan el resto de su vida: ponerse metas y llevar a cabo planes para alcanzar dichas metas. Por esta razón, es necesario dedicarle plena atención. Aquí es donde actuamos de una manera más concreta y nos hacemos preguntas como las siguientes: «¿dónde queremos estar el próximo año en estos mismos tiempos?» y «qué es lo que debemos ya estar haciendo para alcanzar aquel deseo?» Se trata de un fantástico remedio contra la enfermedad que los líderes sufren con frecuencia, esto es, cuando se sienten incapaces de tratar con aquellos asuntos importantes que en realidad producirían una gran diferencia, por causa de las exigencias diarias del trabajo que realizan. Los planes que nacen de tu visión, propósito y valores fundamentales deberían tener prioridad sobre cualquier otro plan, lo cual te debería ayudar a saber cuándo decir «sí», «no» o «más tarde» frente a solicitudes que lleguen a tu escritorio. Ahora que has recibido el apoyo del liderazgo y los miembros respecto a una visión compartida, es enteramente razonable que programes tu trabajo diario con el fin de alentar todo esfuerzo que se dirija hacia aquella visión.

Respecto a esto, hay dos peligros específicos que tienes que tener presente. El primero de ellos es que existe la posibilidad de que hayas confiado en Dios por medio de la oración para que llegues hasta este paso, pero que de una manera extraña tomes un giro mundano. Quizá te digas a ti mismo: «lo puedo manejar yo solo». Pero esto sería un terrible error. En esta fase, así como en todas las demás, el líder cristiano es, en primerísimo lugar, un seguidor de Jesucristo. La tarea aquí, así como en las demás, es orar y confiar en Dios para que te guíe diariamente respecto a tus planes para el futuro. No te estoy diciendo «no hagas ningún plan» ni tampoco «haz planes y pídele a Dios que los bendiga». En realidad es un asunto de pedirle a Dios que te guíe respecto al futuro y hacer planes que concuerden con lo que Dios hace, lo cual significa que algunos de estos planes tendrán que cambiar.

También existe un peligro desde el lado contrario. Algunos líderes descubren que la posibilidad de llevar a cabo planes es más bien aburrida y agobiante, y por ello prefieren invertir su tiempo de una manera más libre en vez de hacerlo por medio de las etapas de un proyecto grande. Desean dar una respuesta a los temas de la actualidad, reunirse con gente o preparar talleres y sermones. Llevar a cabo planes requiere de disciplina y dejar a un lado ciertas preferencias personales con el fin de trabajar para el bien común. Sin embargo, esperemos que la visión detrás de estos planes te haya cautivado y que deseas verla plasmada. Quizá también quieras evitar aquel sentimiento de frustración que la gente experimenta cuando oye mucha información acerca de la visión pero muy poco que se ejecuta. Y aún tienes bastante tiempo disponible para aquellos aspectos de tu labor que disfrutas mucho. Si te has identificado con estos retos, te sugiero que leas este capítulo sin esperar que estes de acuerdo con todo lo dicho, sino que piensen en quién te podrían dar una mano para implementar estos planes e identificar dos o tres cosas que te hagan un mejor líder. Si haces esto y descubres que realmente te es de ayuda, podrás siempre retornar a este capítulo más adelante y volver a identificar dos o tres cosas adicionales que para ese entonces te sean útiles. Así que aprovecha todo lo que incluimos a continuación con el fin de mejorar tu liderazgo y conseguir el apoyo que necesitas, en vez de verlo como si fuera un manual de instrucciones que tienes que seguir al pie de la letra.

También estoy consciente de que lo que se ha descrito aquí refleja una labor de muchos años y podría parecerte abrumador cuando se te presente todo de una sola vez. Recuerda que se trata de una visión panorámica. El propósito es ayudar a los líderes a que tomen una posición más objetiva y vean su labor con más amplitud y así logren percibir lo que se viene por delante.

Llevar a cabo los planes: un caso práctico

Cuando llegó el momento de llevar a cabo planes en la iglesia de St. Helen, Laurence Gamlen fue una vez más muy útil. Nos permitió pensar acerca de las metas que queríamos formular y qué planes nos permitirían alcanzarlas. Hasta que no logramos tener cierta claridad respecto a lo que queríamos lograr, poco habría servido hacer planes. Tal como famosamente lo expresara, la secuencia debía ser la siguiente: listos, apunten, fuego.

Metas y objetivos

Nuestro consultor nos desafió a que pensáramos y nos concentráramos en lo inmediato y que estableciésemos metas siguiendo las siglas en inglés SMART, noción que se le atribuye a Peter Drucker y su concepto de «gestión administrativa por medio de objetivos».[1] La explicación de estas siglas va de la siguiente manera:

- Específico [S]: algo en particular que valga la pena medir
- Medible [M]: algo que se pueda medir
- Alcanzable [A]: algo que cueste esfuerzo pero que sea alcanzable
- Relevante [R]: algo que sea importante
- Temporal [T]: algo que tenga fecha de expiración

Este acercamiento puede tener ciertas dificultades y conviene estar al tanto de ellas desde un comienzo. John Finney, consultor de evangelismo, en su libro *Understanding Leadership*, afirma que en realidad es la gente en vez de las organizaciones la que posee metas. Además, señala que no todas las metas son medibles o alcanzables y que es muy común que las metas no se logren cumplir, lo cual produce desánimo.[2] Edwards Deming, consultor de gestión administrativa, ha observado que las cosas que uno realmente quiere conocer son aquellas que uno no puede medir como, por ejemplo, «¿cuánta gente quisiera

---

[1] Peter Drucker, "Management by Objectives and Self-Control," en *The Practice of Management* (Nueva York: Harper & Row, 1954), 105–118. En este libro no se mencionana las metas SMART pero parece que surgieron de una manera orgánica según Mike Morrison en "History of SMART Objectives," https://rapidbi.com/history-of-smart-objectives/, consultado el 13 de noviembre de 2020.

[2] John Finney, *Understanding Leadership* (Londres: Daybreak, 1989), 119–121.

afiliarse a esta iglesia u organización si la conocieran?» También le preocupa que algunas metas logren cumplirse pero de una manera que ofrece escasa utilidad porque la gente tan solo desea lograr sus objetivos pero en el proceso causa daño a la organización.[3] Y Jack Hayford, pastor pentecostal y rector emérito del King's University en Los Ángeles, California, se opone al establecimiento de metas en el artículo que escribiera para *Christianity Today*, «Why I Don't Set Goals».[4] Su argumento afirma que ello inclina la tendencia hacia el rendimiento en vez de hacerlo hacia una dependencia en Dios, si bien reconoce que cuando le pidió a Dios que le diera metas, estas fueron muy útiles.

Pienso que el problema con establecer metas yace principalmente en dejarse guiar por la carne en vez de buscar la guía del Espíritu Santo, haciendo uso del contraste que aparece en Gálatas 5. Si logramos discernir metas que nos ayuden a coordinar nuestros esfuerzos conjuntos para hacer lo que creemos que el Señor nos ha mostrado, entonces serán de una gran ayuda. Necesitamos mantenernos abiertos a la posibilidad de que quizá hayamos malentendido a Dios y debemos asegurarnos de que las metas estén a nuestro servicio y no nosotros a ellas. Es también importante que estas metas sean realmente alcanzables. A veces establecemos metas numéricas que abarcan demasiado, entendemos por ello que los líderes tengan la tendencia a evitar pensar en ellas. Debemos también recordar que todo esto se trata de la obra del reino de Dios y no de un imperio humano.

Las metas a largo plazo, para períodos de cinco o diez años, pueden ser útiles para describir la iglesia u organización, si es que se quiere alcanzar la visión, en cuyo caso a menudo se le llaman «objetivos». Entonces, los líderes podrán establecer metas intermedias como si fuesen señales del camino con el fin de poder ver si están avanzando hacia aquellos objetivos. En el caso de iglesias u organizaciones grandes, estas metas podrán dividirse en grupos menores para distintos

---

3   Ver "W. Edwards Deming's 14 Points for Total Quality Management," ASQ, consultado el 6 de febrero de 2020, www.asq.org/quality-resources/total-quality-management/deming-points.

4   Jack Hayford, "Why I Don't Set Goals," *Christianity Today*, consultado el 3 de febrero de 2020, https://www.christianitytoday.com/pastors/2007/july-online-only/090905a.html.

departamentos o personal con el fin de que puedan ver el papel que juegan en la organización, lo cual puede ser muy útil, tomando en cuenta de que no se les asigne demasiadas responsabilidades.

Estos objetivos a largo plazo pueden también servir de ayuda al líder cuando describa el futuro que espera ver. En una ocasión en St. Helen, estuve compartiendo mi preocupación respecto a que necesitábamos más maestras para el programa de niños y me sorprendió escuchar de parte de una de las maestras que esta era la primera vez que oía que este asunto me preocupara tanto. De hecho, este asunto era una de mis prioridades pero hasta ese momento no lo había dado a conocer públicamente. Hubiera podido evitar este malentendido si hubiese establecido metas y objetivos.

En St. Helen terminamos estableciendo cuatro metas y asignamos cada una de ellas a los siguientes cuatro años. Las metas eran las siguientes:

1. Aumentar el número de asistentes a los grupos de casa a diez personas y abrir un nuevo grupo diurno en un plazo de un año;
2. Aumentar el número de miembros a 150 en un plazo de dos años;
3. Aumentar el promedio de asistencia a los cultos dominicales a 150 niños, jóvenes y adultos en un plazo de tres años;
4. Aumentar las contribuciones monetarias a 9 por ciento al año en un plazo de cuatro años.

Estas metas fueron desarrolladas por la directiva de la iglesia. Fueron todo un desafío pero no eran inalcanzables porque se basaban en las cifras de años anteriores. Nos sirvieron para que nos concentráramos en las cosas que creíamos que realmente permitiría que la iglesia llevase a cabo su propósito de crecer en su amor por Dios, cuidarnos los unos a los otros y servir a nuestros vecinos. Con ello recalcábamos el valor de los grupos de casa, la afiliación a la iglesia y el número de asistentes, ya que todo ello ayudaría a la iglesia a volverse más atenta y dedicarse a alcanzar a la gente a nuestro alrededor, tal como la visión afirmaba. Incluía una medición del nivel de las ofrendas porque considerábamos que aquello era un indicador del crecimiento espiritual. Las metas también nos ofrecían cifras con valor práctico, las que podíamos observar y esforzarnos para el beneficio de la iglesia y su misión. Nos manteníamos al tanto del progreso obtenido hacia estas metas y lo discutíamos en nuestras reuniones del consejo administrativo y las reuniones anuales de la congregación. Cada tres años el consejo realizaba un retiro y ofrecía un informe de todas las metas. Esta costumbre nos mantuvo informados de todas las metas y nos aseguraba que fueran revisadas cuando fuese necesario. Por ejemplo, si bien podíamos ver que casi todas las metas se habían cumplido, se nos hizo claro que no podíamos identificar a un líder para los grupos diurnos, así que decidimos darlo de baja.

Estrategias y tácticas

Habiendo determinado nuestras metas y objetivos, era tiempo de hacer planes para llevarlos a cabo. ¿Qué iniciativas debíamos tomar para alcanzar estas metas? Estas iniciativas, que a menudo se les llama estrategias, forma la mayor parte del plan para el futuro. Una estrategia se vería de la siguiente manera: «Ayudar a los recién llegados a integrarse a la vida de la iglesia». Luego, cada una de estas estrategias debe dividirse en acciones, que a veces reciben el nombre de tácticas, lo cual en este caso podría ser el nombramiento de alguien que supervise la integración de los recién llegados, que se ponga en contacto con ellos y vea la manera en que pudieran involucrarse en la iglesia si así lo desean. Estas acciones que transcurren día a día permiten que la iglesia lleve a cabo su propósito, lo cual es donde el liderazgo debe poner la teoría en práctica.

Las iniciativas estratégicas que desarrollamos en St. Helen debían llevar a cabo lo siguiente:

1. Reclutar más líderes para los grupos de casa (para la primera meta).
2. Estar atentos a los que asisten con frecuencia para ver si desean hacerse miembros de la iglesia (para la segunda meta).
3. Tomar en cuenta nuevas manera de traer gente a la iglesia (para la tercera meta).
4. Reclutar un líder para el ministerio de niños (para la tercera meta).
5. Animar a aquellos que asisten de vez en cuando para que lo hagan con mayor frecuencia (para la tercera meta).
6. Programar un día especial de ofrendas y añadirlo al calendario anual (para la cuarta meta).

A cada una de estas estrategias se le asignó una persona que tomase las riendas y que desarrollase más detalles respecto a su implementación. A menudo fue necesario que involucrasen a otras personas en los planes, lo cual fue en sí una oportunidad para que esta misma persona desarrolle sus habilidades de liderazgo.

La estrategia más difícil de implementar fue la cuarta: «reclutar a un líder para el ministerio de niños». Para ella, se necesitó la persona adecuada y los fondos para pagarle, ya que no pudimos encontrar a alguien con las habilidades necesarias y que estuviese dispuesta a trabajar de voluntaria. Encontrar a esta persona y recaudar los fondos necesarios fueron retos muy grandes.

Así que oramos. Luego nos comunicamos con un club de jóvenes ubicado en uno de los complejos habitacionales cercanos a la iglesia de St. Francis, que buscaban dos trabajadores para los niños pero que solamente podían pagar el salario de uno y tan solo por unas horas, así que ellos también creían que nadie solicitaría el trabajo. Sin embargo, si se combinaban las horas de trabajo con las nuestras, entonces sí podríamos ofrecer algo viable. Pero aquello significaría que debíamos encontrar no solo uno sino dos trabajadores para el ministerio de los niños, con calificaciones adecuadas y que fuesen cristianos. De pronto los retos se multiplicaron.

Logramos conseguir los fondos para la labor que estos trabajadores harían en St. Helen y también en St. Francis, que acababa de empezar cultos los domingos en la tarde. El dinero provino de iglesias vecinas. Esto sucedió gracias a las relaciones que se habían empezado hace varios años atrás y porque hubo una toma de conciencia respecto a que nuestro ministerio se realizaba en las áreas de Londres con menos recursos económicos. Iglesias de muy distintas persuasiones teológicas compartían el mismo deseo de ver este ministerio en acción y estaban dispuestas a apoyarlo económicamente. Luego el director del club de jóvenes logró convencer al consejo municipal, luego de que se opusiera al principio, que pagara por las horas de trabajo en el club de jóvenes. Nos alegró mucho escuchar esta noticia.

Finalmente, anunciamos públicamente la disponibilidad de este puesto de trabajo. Pasamos la fecha de vencimiento y nadie solicitó el trabajo. Nos causó mucha desilusión. Aquel lunes en la noche, mientras orábamos juntos, uno de nuestros líderes sintió que había recibido una profecía de parte de Dios, que supliría al candidato para este trabajo. Al día siguiente, una persona que trabajaba con niños se acercó a St. Helen y preguntó si el puesto seguía disponible. Tanto ella como una amiga de ella, que provenían de la misma iglesia, habían estado buscando esta oportunidad. Ambas tenían mucho más calificaciones y experiencia para esta labor que la que habíamos solicitado. Eran también cristianas comprometidas. Aquellas dos trabajadoras resultaros ser una gran bendición para St. Helen, St. Francis y el club de jóvenes. Nos causaron también una gran alegría. Y la alegría que sentimos fue el resultado directo de una aparente tarea rutinaria de implementar planes, lo cual demuestra que esta clase de planificación puede traer beneficios inesperados.

Incluso antes de que tuviésemos la visión, los propósitos y las metas ya establecidas en St. Helen, habíamos estado haciendo planes para tratar con asuntos cuando estos apareciesen. En uno de aquellos casos, nuestra estrategia inicial fracasó y tuvimos que encontrar otra manera de solucionarlo. Sucedió cuando intentamos reiniciar una plantación de iglesia. Habíamos remodelado la casa parroquial de St. Francis, en donde Ian Dowsett vivía con su familia. Intentábamos buscar la manera de reabrir la abandonada iglesia de St. Francis contigua a esta casa. Al mismo tiempo, nos dimos cuenta de que los números de asistencia en St. Helen se habían estancado. Volvimos a invitar a Laurence Gamlen para que nos dé consejos. Nos indicó que estábamos a un 80 por ciento de capacidad en los cultos principales del domingo, lo cual daba la impresión a los recién llegados de que no había espacio para ellos. Así que nos sugirió que ya era tiempo de empezar una nueva congregación.

El presupuesto inicial que nos proveyó nuestro arquitecto para la revitalización de la iglesia de St. Francis equivalía a diez veces nuestro presupuesto operativo anual. Sencillamente no teníamos esa cantidad de dinero y desconocíamos dónde podríamos recaudarlo. Luego apareció Sure Start, una iniciativa del gobierno, lo cual significó que habría fondos para la renovación de las viviendas públicas donde se encontraba St. Francis. Nos reunimos con los representantes administrativos de los tres complejos habitacionales del Dalgarno States, el consejo municipal y el director local de Sure Start. Nos reunimos cada dos semanas durante dieciocho meses con el fin de ver si podíamos establecer un centro para niños, un jardín pre-escolar y un ambiente para cultos religiosos en la iglesia de St. Francis. Se logró crear unos planes emocionantes y todos teníamos muchas esperanzas al ver que llegaban los fondos iniciales. Luego, uno de los miembros del equipo tuvo que cambiarse de trabajo. Como resultado de ello, perdimos una buena cantidad de los fondos que recibíamos. Los planes se desmoronaron muy pronto, lo cual causó la desilusión de todos. El plan no sobrevivió, a pesar del todo el tiempo, los esfuerzos y las oraciones que se invirtieron.

A estas alturas, Ian había logrado establecer un equipo de líderes para la nueva iglesia y buscaba un lugar donde pudieran congregarse. Ninguno de los edificios disponibles tenía la capacidad suficiente. Así que volvimos a consultar a nuestro arquitecto y le hicimos una pregunta distinta: «¿Qué cantidad mínima de dinero necesitaríamos para poder rehabilitar el edificio de la iglesia?» Era la mitad de nuestro presupuesto operativo anual. El día que recibimos la cotización de parte del arquitecto, nuestro arcediano, Malcolm Colmer, se encontraba visitándonos. Él tenía a su cargo varios edificios en el área de Londres y se había entusiasmado de ver que St. Francis volviera a abrirse. Cuando le compartimos la cantidad de la cotización, nos preguntó: «¿cuánto dinero tienen a mano?» Le dije que nada. Todo el dinero que ingresaba a la iglesia lo usábamos para los gastos. Nos dijo que consultaría con el obispo Michael y otras personas, pero que estaba dispuesto a extendernos un préstamo por la cantidad necesaria y que podríamos pagarlo más adelante. Esta noticia nos causó mucha alegría. Ello significaba que podríamos reabrir la iglesia para el verano y estar listos para la misión de los niños. A partir de aquella misión fue que lanzamos la nueva con-gregación de St. Francis. Nuestro plan inicial había fracasado, pero es evidente que Dios tenía otros planes en mente. Cuando todo esto llegó a suceder, fue causa de un tremendo gozo. Al final, fue una gran lección respecto a obedecer al Señor y seguir a donde el Espíritu nos guíe.

Habrá muchas ocasiones cuando las cosas no salen según lo planeado. Aquella conocida cita militar, que se le atribuye a Helmuth von Moltke el Viejo y que sirve de lección para los líderes cristianos, dice así: «Ningún plan de batalla sobrevive el contacto con el enemigo». Surgirán retos y obstáculos imprevistos y es importante que sepamos adaptar nuestros planes de una manera adecuada, con el fin de que podamos alcanzar nuestro propósito de una manera distinta. Una vez más, vemos el valor de ganarse la confianza de la gente y desarrollar líderes que puedan ver las cosas con oración y fidelidad, y juntos discernir si es necesario hacer cambios en nuestro proceder con el fin de cumplir con la visión.

Llevar a cabo los planes: los ingredientes

En función de cómo uno define el término, llevar a cabo los planes ocurre quizá cuando el líder se convierta en un gerente. Sin lugar a duda, antes de llegar a estas alturas, las destrezas de gerente ya habrán estado en uso, pero si entendemos que el líder es aquel que percibe dónde se encuentra la organización, posee la visión hacia dónde deben dirigirse y establece planes para llegar a aquel destino, entonces será el tercer elemento de la planificación estratégica la que con más frecuencia se asocie al papel que juega el gerente. En este sentido, todo líder requiere tener ciertas habilidades de gerente. En particular, el deber de todo líder es saber dirigir los talentos de la gente, el dinero y el tiempo. A continuación explico lo que esto significa.

Dirigir a la gente

Saber dirigir a los demás significa sacar a relucir los talentos que Dios les ha dado con el fin de permitirles que ocupen el papel que les toca jugar en el propósito de la iglesia u organización, según sus valores fundamentales. Esta perspectiva facilita que se evite cualquier noción de que el tiempo invertido con la gente que uno dirige parezca que no ha sido invertido en el propósito. Es tiempo invertido para cumplir dicho propósito y quizá sea el tiempo de mayor productividad de todos. Saber dirigir a las personas de una manera adecuada ofrece grandes beneficios para todos. Y cuando aquellas personas son cristianas, se trata de discipularlas, ayudarlas a madurar en Cristo (Col 1.28).

Antes de que alguien espere dirigir a empleados o voluntarios de una manera efectiva, él o ella deberá aprender primero a *delegar*. Esto conlleva vencer las dudas iniciales como «para cuando haya tenido que entrenar a alguien, yo mismo lo hubiera podido hacer más rápido» o «no lo harán de la manera que yo acostumbro a hacerlo. Es mejor que yo mismo lo haga». Quizá esto sea cierto en algunos casos como, por ejemplo, «¿Podrías decirle a María lo siguiente?», pero esta manera de pensar rápidamente derrotará a cualquier líder que tenga importantes tareas que realizar. Entonces, se trata de saber delegar de una manera adecuada y eligiendo lo siguiente:

- la persona correcta, que posee la información, las destrezas y el tiempo adecuado;
- la tarea correcta, algo que valga la pena hacer, que tiene sentido delegarla a otros;
- la manera correcta, ofreciendo claridad respecto a lo que uno quiere que la otra persona haga, cuándo debe hacerlo, quién podría ayudar, qué recursos hay disponibles y qué nivel de autoridad él o ella tiene para tomar decisiones.

Luego de ello, tienes que apoyar a la persona sin interferir y luego ofrecerle crítica constructiva. Finalmente, deberás agradecerle para que sepa cuán satisfecho estás por su colaboración. Esto se puede hacer en persona, por correo electrónico o por escrito. Una nota de agradecimiento por escrito no toma casi nada de tiempo pero sus efectos serán duraderos. Me he sorprendido cuán a menudo la gente cuelga estas notas de agradecimiento y las mantiene a la vista de todos. Aquí, al igual que en todo aspecto de la administración de personal, tiene que ver con la regla de oro: «Así que en todo traten ustedes a los demás tal y como quieren que ellos los traten a ustedes» (Mt 7.12) si estuvieses en el lugar de ellos.

Así que, ¿cuáles son las características principales de la buena administración de personal?

Reclutar con precaución

Hay tan solo unas pocas decisiones importantes que un gerente debe hacer además de reclutar personal. Jim Collins, autor del clásico sobre gestión administrativa, *Good to Great*, describe esto como el acto de lograr que la gente correcta se suba al ómnibus, lo cual dice que es absolutamente vital.[5] Cuando se tenga que reclutar a alguien para un puesto de trabajo, ya sea como empleado o voluntario, arma un pequeño *comité de reclutamiento* para que con oración elaboren una

---

[5] Jim Collins, *Good to Great* (Nueva York: HarperCollins, 2001), 41.

descripción del puesto y los requisitos del candidato. La descripción del puesto describe el trabajo en sí, enumerando lo que se tenga que hacer, y los requisitos del candidato describe la clase de persona que será apta para dicho puesto. Ello debe incluir las calificaciones y la experiencia que permitan a la persona cumplir su labor y aclarando lo que es imprescindible y lo que se desea. A menudo estos dos documentos reciben el nombre de «descripción del puesto de trabajo».

La *descripción del puesto* debe incluir tu visión, propósito y valores fundamentales, y debe ser explícito respecto a si el candidato está a favor de ellos, en cuyo caso no se requerirá un compromiso de fe, o si el candidato requiere estar plenamente de acuerdo, lo cual probablemente significará que el candidato debe ser cristiano. En algunos países, existe la posibilidad de que estos requisitos tengan algún peso legal, así que se debe pensar bien en estos. También será importante aclarar si este puesto de trabajo será de jornada completa o de media jornada y a quién rendirá cuentas. Vale la pena acertar en todos los detalles de la descripción del puesto de trabajo, para que de esta manera se enumeren todos los aspectos de este y probablemente incluyan «otros detalles acordados» para dar espacio a requisitos imprevistos. Además, que participen otras personas que entienden los detalles del trabajo para que no se pase nada por alto. De esta manera, con un documento así de claro los candidatos podrán determinar si ellos mismos cumplen con los requisitos y así mismo el comité de reclutamiento podrá elegir el mejor candidato de todos. Coloca anuncios del puesto de trabajo por todos lados y haz correr la voz en lugares donde creas que pueda haber un posible candidato, aclarando la fecha de vencimiento. He llegado a convencerme de lo valioso que es comunicarse con la gente para darles a conocer la disponibilidad de un trabajo, no para insinuarles que el trabajo es para ellos sino para pedirles si conocen a alguien que quizá cumpla con los requisitos o tenga interés en este puesto. Quizá haya buenos candidatos que no tengan interés alguno en cambiar de trabajo pero al comunicarse con ellos las posibilidades de que consideren un cambio aumentarán. La solicitud de trabajo podrá hacerse por medio de un formulario que el candidato deberá llenar o pidiéndole su hoja de vida junto con dos o tres recomendaciones y una carta de presentación explicando la razón por la que cree que será un buen candidato para este puesto.

Cuando la fecha límite para las solicitudes llegue, reúne al comité de reclutamiento y evalúa a cada uno de los candidatos, dividiéndolos en tres grupos, «sí», «quizá» y «no», y a quienes se debe contactar para la entrevista, teniendo cuidado de no cometer discriminación por razón de edad, género, discapacidad o cualquier otra característica amparada por la ley. *Invita de tres a cinco candidatos para una primera entrevista.* Si no hay suficientes nombres de entre del grupo de los «sí», es posible que tengas que seleccionar de los «quizá». Las llamadas por teléfono o por videoconferencia serán útiles para aquellos candidatos que vivan lejos. A estas alturas sería buena idea contactarse con las recomendaciones que aparecen en la hoja de vida con el fin de escuchar sus opiniones. Los candidatos que hayan sido rechazados de la lista deberán ser informados de ello con prontitud y amabilidad.

En la entrevista, aprovecha el tiempo para presentar a los candidatos a la iglesia u organización y explícales de qué se tratará el trabajo. Quizá quieras que ellos tengan un ejercicio práctico y una evaluación de la personalidad. En lo personal, a mí me gusta empezar la reunión con una oración y dejar bien en claro que estamos buscando la guía de Dios por medio de este proceso. Las preguntas que se hagan a los candidatos deberán basarse en la descripción del puesto de trabajo, y deben ser las mismas para todos los candidatos por razones de imparcialidad. ¿Poseen la experiencia que revela el carácter y los dones que se necesitan para este puesto de trabajo? ¿Podrían dar ejemplos concretos respecto a dónde fue que realizaron las cosas que se requieren para este trabajo? Permite que ellos también hagan preguntas. Todo ello te ayudará a descubrir al mejor candidato.

Siempre vale la pena tomarse el tiempo necesario para evitar cometer errores. Quizá sea necesario tener más de una entrevista, especialmente cuando la primera de ellas fue hecha a la distancia. Es mejor no contratar a nadie que contratar a una persona que no encaje bien en el puesto. Así como Proverbios 26.10 nos advierte usando una imagen fácil de recordar: «Como arquero que hiere al azar es quien contrata a un necio o a cualquiera que pasa». Los consultores de recursos humanos tienen un dicho que dice así: «contrata con paciencia, despide con rapidez». No lograr una contratación puede ser una decisión muy difícil y en mi caso solo he tenido que pasar por esto unas cuantas veces. Es poco probable que un candidato inadecuado esté satisfecho con su trabajo o sea eficiente y podría ser un dolor de cabeza si él o ella decide quedarse en el puesto. También podría ser perjudicial si la persona decide irse porque habría que empezar todo el proceso de nuevo. Es mejor que se encare una desilusión pasajera y tener que volver a anunciar el puesto de trabajo que pagar las consecuencias de una mala contratación por muchos años.

Una vez que se tome una decisión, se podrá ofrecer el puesto de trabajo al candidato que haya sido elegido y esperar a que este acepte, antes de comunicarse con el resto de los candidatos y ofrecerles consejo para futuras entrevistas, si así lo desean. Una *carta de nombramiento* que incluya fecha de inicio, salario, beneficios y descripción del puesto deberá ser enviada al nuevo empleado con el fin de dejar todo bien claro.

Este proceso quizá sea más de lo que se necesite en caso de que se reclute a un *voluntario*. Quizá para estos casos sea conveniente simplificar el proceso. Sin embargo, aún es muy útil tener a mano una descripción del puesto de trabajo con el fin de que los voluntarios tengan claridad respecto a lo que se espera de ellos, a quién tendrán que rendir cuentas, cuánto tiempo se espera que colaboren, qué recursos tienen a su alcance y quién será la persona que les ofrezca ayuda. Este aspecto es parte vital de las expectativas que se debe tener en toda gestión administrativa. A menudo los problemas surgen precisamente porque alguien creyó que debía hacer algo cuando en realidad debía hacer algo muy distinto. Ese camino lleva a la frustración y desilusión, lo cual debe evitarse a toda costa.

En la iglesia de St. Helen, una vez que logramos tratar los problemas iniciales y empezamos a establecer los grupos en casa, el siguiente paso fue evaluar la manera en que todos nosotros podíamos jugar el papel adecuado en la vida de la iglesia si es que deseábamos involucrarnos más. Aprovechamos del curso que ofrece Willow Creek Community Church, con ciertas adaptaciones al contexto británico, con el fin de ayudar a la gente a identificar las cosas que les apasionan, sus dones y cuán prestos están para empezar a servir. Se convirtió en una costumbre regular de nuestro calendario anual. La primera vez que utilizamos el curso tuvo un gran impacto en la iglesia, especialmente para aquellos que participaban en nuevos ministerios y que tuvieron la alegría de usar sus dones en aquellas áreas de la iglesia. En el caso de otros, les fue un alivio dejar los puestos que ocupaban al darse cuenta de que sus dones no encajaban en estos, lo cual fue muy útil. Surgieron nuevos líderes y otros líderes se cambiaron a nuevos puestos en donde encajaban mejor, lo cual produjo una gran diferencia. Mientras me preparaba para el curso, tuve que redactar breves descripciones de trabajo para las distintas funciones de la iglesia. Me sorprendió descubrir cuántas de ellas teníamos. Sin embargo, sabía muy bien que el hecho de tener estas descripciones de trabajo puestas por escrito demostraría ser un gran beneficio para aquellos ministerios y para la gente que participaría en ellos.

Si eres líder que perteneces a una iglesia u organización grande o posees responsabilidades mayores para una denominación u organización, es probable que tengas personal listo para cambios internos, ya sea asalariado o voluntario. Jim Collins sugiere que coloquemos a nuestros mejores empleados en los puestos que ofrecen mayores oportunidades en vez de ubicarlos en los puestos más difíciles y que son problemáticos.[6] Si bien todo líder debe saber resolver problemas y encarar los retos y las oportunidades, debes actuar con tino colocando a tus mejores líderes en los puestos más favorables porque lo más probable es que produzcan los mejores resultados, si es que deseas tener grandes logros para el reino de Dios. Esto también significa que estos líderes, al ver sus logros, recibirán mayor motivación y lograrán superarse. Incluso significará que en última instancia lograrán superarte como líder. Será mucho mejor si es que puedes trabajar con ellos sin sentirte amenazado. De ello se trata la clase de líder abierto al que se refiere Simon Walker y que lo identifica como el líder más eficaz posible.[7]

A lo largo de tu trabajo de reclutamiento, asegúrate de cumplir todos los requisitos legales y mejores prácticas. Ello quizá signifique que debas consultar con especialistas en recursos humanos si es que no tienes alguien a mano en tu equipo y en algunos casos, será incluso recomendable que consultes con el especialista de todos modos.

---

[6] Collins, *Good to Great*, 58.

[7] Simon P. Walker, *Leading out of Who You Are: Discovering the Secret of Undefended Leadership* (Carlisle: Piquant, 2007).

Entrenar a otros constantemente

Una vez que hayas logrado reclutar a alguien, la siguiente tarea es ver la manera en que puedas ayudar a esa persona a cumplir una buena labor y también orar por ella con frecuencia. En primer lugar, debes descubrir qué es lo que motiva a esa persona, lo cual te servirá como indicador de lo que se espera que la persona cumpla y además debes reconocer sus logros. También es probable que la persona se motive por el trabajo en sí y, en muchos casos, por la oportunidad de tener una mayor responsabilidad y superación. Los investigadores han descubierto que, contrario a lo que se cree, las recompensas monetarias se ubican en las partes inferiores de la escala de factores que afectan la satisfacción laboral y por debajo de otras características.[8] En segundo lugar, debes descubrir sus fortalezas y qué es lo que acciona aquellas fortalezas, lo cual es probable que sea el reconocimiento público. Y en tercer lugar, debes identificar su estilo de aprendizaje: ya sea que le guste analizar la información, ver todo el panorama o aprender por medio de la práctica.[9] Ello nos debe recordar que la gente es diferente y debe ser supervisada de una manera distinta. Tal como aquel proverbio que dice: «cada cabeza es un mundo».

Supervisar a cada persona

Tan pronto como alguien empiece en un nuevo puesto, ya sea remunerado o no, es muy importante que se tenga claridad en lo que se le pide hacer a la persona. Es una pieza clave de la *orientación*. La gente quiere saber qué es lo que se supone que debe hacer y cómo lo está haciendo. Esto establece las pautas para futuros servicios. En este caso, la descripción de trabajo es muy útil y te permite establecer las prioridades iniciales al elegir dos o tres metas para el año y que realmente marquen la diferencia en la iglesia u organización. Los expertos en liderazgo, Kenneth Blanchard y Spencer Johnson, en su libro *The One Minute Manager*, recomiendan tener metas que puedan explicarse en un minuto o menos con el fin de que sean claras delante de todos los

---

8 Frederick Herzberg, "One More Time: How Do You Motivate Employees?," in Harvard Business Review, *HBR's 10 Must Reads on Managing People* (Boston: Harvard Business Review Press, 2011), 38.

9 Marcus Buckingham, "What Great Managers Do," in Harvard Business Review, *HBR's 10 Must Reads on Managing People*, 103.

empleados.[10] Los gerentes deben establecer prioridades para aquellos que deben entregarles informes, pero es recomendable involucrarlos en el proceso de establecer metas ya que son ellos mismos los que conocen qué más se requiere de ellos. También fomenta que participen plenamente en estas prioridades. Entonces, el progreso que se logre hacia aquellas metas, lo cual podría inicialmente incluir conocer la organización de una mejor manera, podría monitorearse a lo largo del año y evaluarse anualmente, con la inclusión de nuevas metas y la identificación de entrenamientos.

Dependiendo de la función que ocupan, quizá sea conveniente reunirse con las personas que *supervisas* cada semana o dos o cada mes, durante media a una hora con el fin de conocer cómo les va en su labor y en sus vidas. Me gusta empezar la reunión con una oración y luego sugerir que la persona con quien me estoy reuniendo también haga una oración al final, si es que veo que esta persona se siente cómoda haciéndolo. Durante la reunión, es conveniente revisar todas las áreas principales bajo su responsabilidad, dejando que la persona traiga algún tema pendiente, se converse del trabajo actual y mantener en mente sus metas anuales. Esta clase de reuniones ayuda a identificar cualquier entrenamiento o apoyo que sea necesario, y promover una cultura de aprendizaje. Luego, será un asunto de dejar que la persona cumpla su labor. Es una tentación intentar interferir o tomar el control de algunos proyectos si es que no marchan bien. Sin embargo, es contraproducente. Esta clase de microgestión o las intervenciones más drásticas pueden dejarte abrumado de tareas y además causan desánimo en los empleados o voluntarios en vez de facultarlos y aumentar sus aptitudes y confianza en sí mismos. La meta debe ser ayudarlos a que progresen y apoyarlos de todo sentido posible.

Es probable que nuestras nociones respecto a cómo debemos supervisar a los demás hayan sido moldeadas por las experiencias de supervisión que nosotros mismos tuvimos. Sin lugar a duda que esto varía mucho entre los líderes cristianos. Rememoro el pasado con agradecimiento por aquellos que me supervisaron cuando fui docente,

---

[10] Kenneth Blanchard y Spencer Johnson, *The One Minute Manager* (Londres: Fontana, 1983), 101 (para un resumen), o para todo el libro (es breve).

cuando trabajé en la industria de equipos electrónicos y cuando laboré en la iglesia y los centros teológicos. Todas ellas han sido experiencias positivas. Con ello no quiero decir que me gustaría repetir todo lo que he visto, pero tuve excelentes modelos a imitar. Si no has tenido una experiencia similar, sería aconsejable que encuentres a alguien que pueda funcionar como tu consultor laboral y que te ofrezca una experiencia de supervisión que puedas adaptar a tu propio estilo de supervisión de los demás.

Una vez que tengas una descripción del puesto de trabajo y hayas determinado las prioridades iniciales, es ahora un asunto de *entrenar* con el fin de tener éxito. Blanchard y Johnson proceden a explicar lo valioso que es reconocer en un minuto o menos los logros de la persona y así mismo realizar llamadas de atención en menos de un minuto, lo cual ofrece claridad respecto a lo que se espera y permite a la gente recibir comentarios rápidos cada vez que su rendimiento sea bueno o malo. Es muy positivo ofrecer *felicitaciones* de una manera inmediata, específica y generosamente cuando las cosas marchan bien y permitir que la persona disfrute el momento. Y cuando se requiera una *llamada de atención*, lo mejor es hacerla lo más pronto posible luego del incidente o suceso, si bien no debe hacerse en público, siendo específico respecto al error de conducta y revelando tus sentimientos respecto al incidente, permitiendo que la persona se sienta incómoda y luego aclarándole que lo único que deseas es que logre tener éxito en su trabajo. Todo esto servirá de ayuda para que la persona se supere en el puesto que ocupa. La gente a menudo percibe las críticas con más volumen que los halagos y, según la investigación llevada a cabo por Emily Heaphy y Marcial Losada, por cada llamada de atención debes realizar unas seis felicitaciones.[11] Entonces, luego de una llamada de atención, es recomendable que se busque prontamente una oportunidad para elogiar el desempeño de la persona con el fin de que se evite el desaliento. Debemos demostrar que queremos promover la buena voluntad de todas las maneras posibles.

---

[11] Investigación realizada por Emily Heaphy y Marcial Losada, citado por Jack Zenger y Joseph Folkman, "Giving Feedback: The Ideal Praise-to-Criticism Ratio," Harvard Business Review, 15 de marzo de 2013, consultado el 7 de septiembre de 2015, https://hbr.org/2013/03/the-ideal-praiseto-criticism/.

A menudo es más fácil aprender con elogios que con reprimendas, dado que es más sencillo hacer algo bien y repetirlo que haber hecho algo malo y luego tener que corregirlo. Hay muchas maneras de mejorar lo que se haya hecho y puede suceder que la persona vuelva a cometer el mismo error pero de una manera un poco distinta a la anterior. Así que hay mucho que decir respecto a dedicarse a elogiar o felicitar a alguien que haya hecho las cosas bien. Será de mucha ayuda para aquella persona y para aquellos que presenciaron lo que hizo, ya que aprenderán cuáles actos son los que reciben elogios. Este refuerzo positivo, concepto que se relaciona con el conductista B. F. Skinner, tiende a ser específicamente eficaz con gente que desea halagar a su supervisor, lo cual es muy común entre empleados y voluntarios. Kenneth Blanchard encierra esta idea en el título de uno de sus libros sobre liderazgo, *Catch People Doing Something Right*. Por ello, debes aprovechar toda oportunidad para agradecer a tus empleados y felicitarlos cuando realicen una buena labor.

De la misma manera, si quieres ver un *cambio de conducta*, sería mucho más útil que digas lo siguiente: «Por favor, podrías seguir haciendo esto [algo positivo]», en vez de decir: «Por favor, no hagas aquello [algo negativo]». Por ejemplo, pedirle a alguien que hable un poco más alto en una reunión para que todos lo puedan oír será mejor recibido que quejarse de que esta persona habla demasiado bajo. O pedirle a alguien que escriba correos electrónicos o informes de cierta manera o con cierto formato será mucho mejor que quejarse de que escribe muy mal. En este caso, esperamos que en la primera parte la persona se anime a escribir bien sus ideas, mientras que la segunda parte se interpreta como que se está sermoneando a la persona por haberse expresado mal, lo cual le podrá causar desánimo. En ambos casos se podrá lograr el mismo objetivo, pero el primero de ellos producirá mayor autoconfianza en la persona.

Para muchos líderes, las llamadas de atención son difíciles de realizar porque acarrean conflicto. También se tiene el reto de determinar si se logrará el efecto deseado o empeorará las cosas. Sin embargo, habrá ocasiones donde será realmente necesario y te será útil si de antemano practicas lo que tendrás que decir, teniendo siempre presente que debes criticar la conducta y no a la persona y alentarla con sinceridad. Cuando la llamada de atención ha alcanzado una medida disciplinaria, es importante que alguien más esté presente cuando te reúnas con el empleado y quizá sería recomendable que este mismo empleado traiga consigo otra persona que abogue por él o ella, en caso de que más tarde surjan cuestionamiento respecto a lo que se dijo en la reunión. En este caso, es importante poner por escrito los puntos clave de la conversación por razones de claridad y en caso de que tengas que tomar medidas más extremas.

En el caso de que la conducta en cuestión sea más grave y requiera una *suspensión del ministerio* o incluso una expulsión de la organización, deberás involucrar a tus superiores de parte de la denominación o consejo directivo. Si se tienen que reunir con la persona, es recomendable que empieces siempre con una oración, esperando que el Señor los guíe y recordando que se trata de un asunto del ministerio, aunque sea doloroso. Permite que la persona se exprese respecto al asunto que están tratando y asegúrate que tienes ya a mano el apoyo o consejo psicológico necesario posterior a la reunión, junto con la información de carácter legal. En los casos donde he tenido que participar en estas intervenciones, me ha llamado la atención lo importante que es expresar un interés sincero por el bienestar de la persona involucrada, por los cambios que se deben hacer y por su restitución en el ministerio del cual él o ella está siendo excluido. Porque ello también es una manifestación del amor, no solo por los que han sido terriblemente afectados por la conducta de esta persona, ya que estás atendiendo a sus quejas, sino también por la persona que ha cometido la ofensa.

Gestionar equipos

La tarea de supervisar puede volverse un asunto de gran envergadura si es que tienes un equipo numeroso. Por lo general, es mejor que una persona supervise a un grupo de entre cinco a doce personas, dependiendo de la clase de trabajo que realizan. Así que, en el caso de una organización más grande, el meollo del asunto podría ser desarrollar una estructura que permita que algunos de los que supervisas logren supervisar a otros y al hacer esto, aprendan a ser supervisores y líderes. En el caso de una iglesia u organización grande, quizá sea necesario tener más niveles de gestión administrativa. Esta clase de cambios en la organización es compleja y la labor de un consultor laboral puede ser muy útil para dirigir el proceso, tal como descubrimos en la iglesia de St. Helen.

Si tienes un equipo de gente que trabaja en la misma área ministerial, es recomendable que *se reúnan* con frecuencia, quizá cada semana o mes. Esto puede promover el sentido de comunidad, lo cual será algo positivo para todos los involucrados. Los equipos trabajan mejor cuando tienen interacción social y tareas a realizar que los ayuden a cumplir con dichas tareas. Es necesario mantener un balance aquí, el cual dependerá en la naturaleza de la organización.[12] Pero cuando los miembros de los equipos se concentren en las tareas en detrimento de las relaciones, tendrán la tendencia a la fragmentación. Y cuando las relaciones sufren de demasiada presión, el equipo quizá disfrute estar junto, pero poco se llevará a cabo.[13]

Una de las cosas que más llama la atención del ambiente laboral en Wycliffe Hall es la hora del receso para el café a las 11 de la mañana. Todos los días laborables se invita a todo el personal a un evento social de media hora. En cada reunión se presentan distintas personas, pero lo que resalta de ello es ver que cuando se presenta mucha gente los conflictos se reducen y cuando pocas vienen los conflictos aumentan. Sin duda que debe haber otros factores que influyen en estas reuniones, entre estos la popularidad de la reunión que refleja la calidad de las relaciones y el volumen del trabajo que se lleva a cabo. Sin embargo, el valor de este tiempo de receso es invalorable, especialmente cuando encaramos algún conflicto o cuando hay rumores dañinos que circulan. Definitivamente es un tiempo bien invertido.

Es importante también que las *reuniones* tengan un orden del día y que se ciñan al tiempo de empezar y concluir. Se debe empezar y concluir con oración, con el fin de dejar bien en claro que la meta es obedecer la voluntad de Dios en todo. Quizá tengas que pausar la

---

[12] Ver Rob Goffee y Gareth Jones, *The Character of a Corporation: How Your Company's Culture Can Make or Break Your Business*, 2ª ed. (Londres: Profile, 2003), 22-43. En caso de que se tenga un fuerte sentido del deber respecto a las tareas pero una socialización muy baja, Goffee y Jones llama a aquello la cultura «mercenaria»; si se tiene un sentido del deber respecto a las tareas y un alto nivel de socialización, es entonces «comunal». Cuando se tenga un débil sentido del deber respecto a las tareas y una socialización baja, es entonces una cultura «fragmentada», y si se tiene un débil sentido del deber respecto a las tareas y una fuerte socialización, es una cultura «conectada». Cada uno de estos casos requiere un estilo de liderazgo distinto.

[13] Rob Goffee y Gareth Jones, *Why Should Anyone Be Led by You? What It Takes to Be an Authentic Leader* (Boston: Harvard Business Review Press, 2019), 100.

reunión en caso de que se requiera orar por algún asunto urgente. Debes asegurarte de que todos los elementos de la labor del equipo estén presentes en el orden del día y antes de empezar o al principio de la reunión pregunta si hay algo más que debería ser incluido. Si hay algún asunto que probablemente cause cierta conmoción o que será mal recibido, entonces es recomendable que se hable de antemano con los involucrados con el fin de que la conversación del grupo sea positiva y fructífera o, en caso necesario, suspender ese tema de conversación para otra ocasión.

Será recomendable que se registren *actas* de la reunión con el fin de tener a mano un registro de por lo menos las decisiones y las acciones que se hayan tomado y así distribuirlas de una manera eficiente. Estas actas deberán ser revisadas al inicio de la siguiente reunión, prestando atención a qué asuntos deben llevarse a cabo a partir de las decisiones que se hayan tomado y determinando qué otras acciones son necesarias respecto a los asuntos que no fueron resueltos en aquella reunión. Con ello se logra que los presentes rindan cuentas de lo que han acordado hacer y ofrece un claro sentido de propósito a las reuniones. No se trata de reunirse por reunirse y sin propósito alguno.

Puede ser muy útil llevar a cabo lo que se conoce en inglés como *manage by wandering about* o «gestión deambulante», tal como lo describieron William Hewlett y David Packard, fundadores de Hewlett Packard,[14] con el fin de que todos los miembros del equipo te logren ver fuera del contexto del grupo y se puedan relacionar de una manera individual contigo cuando pases por sus oficinas a visitarlos. Esto es algo que los extrovertidos como yo disfrutan hacer de una manera espontánea, pero reconozco que podría ser incómodo para los introvertidos. Sin embargo, incluso hacer esto de vez en cuando permite que los miembros del equipo traigan a la conversación asuntos que, si estuviesen reunidos en grupo, no se percibiría como que merecen desperdiciar el tiempo del equipo o que no vale la pena que te visiten en tu oficina para hablar de ello. Hacer esto también te da la oportunidad de plantear preguntas a cada miembro del equipo con el

---

14 El método de Hewlett Packard ha sido descrito en muchos lugares como en Thomas J. Peters y Robert H. Waterman Jr., *In Search of Excellence: Lessons from America's Best-Run Companies* (Nueva York: Harper & Row, 1982), 122.

fin de poder comprenderlos a ellos y la labor que hacen, animarlos a cualquier iniciativa que tengan y felicitarlos por los pequeños logros que hayan tenido, que se irán acumulando hasta que veas aquel ímpetu que todo líder anhela ver.

La *dinámica de grupo* es todo un tema en sí y sería muy recomendable que todo líder dedique tiempo a entenderla. Un análisis muy útil proviene del psicólogo Bruce Tuckman.[15] Nos señala que existe la tendencia normal a que los grupos se muevan entre ciertos estados: formación, disrupción, normalización, función y conclusión. Cada estado tiene sus propias características:

1. Formación: cuando los miembros del equipo se familiarizan unos a otros y determinan cuál es el papel que deben jugar.
2. Disrupción: cuando surgen los conflictos por causa de las distintas expectativas y estilos de trabajo.
3. Normalización: cuando los conflictos se resuelven, si es que así sucede, y los miembros del equipo llegan a un acuerdo respecto a sus nuevas funciones.
4. Función: cuando el equipo se concentra en las tareas que se le ha asignado.
5. Conclusión: cuando el equipo finaliza su labor porque sus tareas han sido cumplidas.

He descubierto que este análisis es muy útil, especialmente cuando, desde un principio, surgen los conflictos en el grupo y me es imposible determinar la razón de ello. Quizá se deba a que el grupo se encuentra en el estado de disrupción. Vale la pena tener presente que cuando se añade o se quita miembros del equipo, el proceso vuelve al inicio, incluso si sucede en menor escala que al principio. Las herramientas de recursos humanos como el Belbin Team Roles, el eneagrama, las pruebas de personalidad DiSC y Myers-Briggs y otras pueden ser muy útiles en este caso. No solo nos permiten entender la manera en que nosotros y todos los demás preferimos trabajar, sino que también nos

---

[15] El modelo de Bruce Tuckman aparece en muchos lugares como en "Forming, Storming, Norming, and Performing: Understanding the Stages of Team Formation," MindTools, consultado en septiembre de 2015, https://www.mindtools.com/pages/article/newLDR_86.htm.

permiten identificar quién más sería compatible con el grupo para que mejore su rendimiento.

Otro recurso ampliamente usado es el de Patrick M. Lencioni, que aparece en su libro *Five Dysfunctions of a Team*.[16] En este nos llama la atención respecto a los peligros de la falta de confianza y que causa que la gente se torne a la defensiva. Luego tenemos el temor al conflicto, lo cual asfixia el debate. Después sigue la falta de entrega, la cual causa que se evite rendir cuentas y termina en la falta de interés por los resultados, lo cual deja al equipo en un estado de incompetencia. Como solución, Lencioni propone que el líder debe dirigir con su ejemplo y que debe estar dispuesto a revelar vulnerabilidades con el fin de promover el debate y el conflicto, exigir de sus líderes que rindan cuentas por lo que se les ha pedido hacer y ser claro respecto a los resultados que el equipo debe producir. Sin embargo, hemos notado que, en el fondo, se trata fundamentalmente de un asunto que tiene que ver con ganarse la confianza y saber mantenerla, lo cual, como hemos ya visto en la primera fase, es parte vital de todo lo que líder hace.

A veces, surgen tensiones entre dos miembros del equipo, lo cual dificulta que este funcione bien y se requerirá cierto grado de *resolución de conflictos*. En estos casos, será recomendable reunirse con cada uno de los involucrados con el fin de entender sus preocupaciones y quizá sugerir maneras en que puedan resolver el conflicto entre ellos. En caso de que no se logre resolver el conflicto, podrás sugerir que los dos se reúnan contigo o con otro mediador que ambos hayan acordado. Luego, pídele a una de las partes que exprese a la otra parte sus quejas con claridad y con la mayor amabilidad posible, sin interrupción alguna y a continuación pídele a la otra parte que resuma lo dicho por la primera parte y comente al respecto, habiendo prestado atención a lo dicho y verificando que lo que oyó haya sido lo correcto. Luego el proceso se repetirá con la segunda parte, que tendrá que hablar y la otra parte escucharla y luego comentar al respecto. A partir de ese momento, el asunto será ponerse de acuerdo respecto a qué cambios debe hacer cada parte en el futuro con el fin de mejorar la relación laboral. He visto que este proceso ha dado resultados muy efectivos,

---

[16] Patrick M. Lencioni, *The Five Dysfunctions of a Team: A Leadership Fable* (San Francisco: Jossey-Bass, 2002).

pero depende mucho de la voluntad que ambas partes tengan para llevar a cabo esta conversación, la cual es muy probable que sea bastante incómoda. Sin embargo, se trata de un esfuerzo de pacificación, el cual el propio Jesús recomendó a sus discípulos (Mt 5.9).

Cuando las cosas marchen mal en algunos aspectos de la labor del equipo, busca aprender con una actitud hacia el futuro evitando culpar a alguien. Es importante que animes a la gente a que saque a la luz los problemas laborales y, por ello, un ambiente de culpabilidad tiende a cerrar la comunicación. Siempre se cometerán errores y fracasos y siempre será mejor aprender de ellos que intentar enterrarlos. Si un error llega a los oídos del público, será muy útil tener de cerca a alguien que sea experto en comunicaciones. Los comunicados oficiales que hayan sido bien redactados y que expresen lo sucedido y las razones de las medidas que se hayan tomado puede ayudar bastante para aclarar los hechos. En estos casos, tener un director de comunicaciones es muy valioso, pero en su remplazo y de ser posible, se podrá recurrir a un consultor.

Tu propia relación con el equipo y sus miembros debe también ser gestionada de una manera adecuada. No debes verte sencillamente como un miembro más del equipo porque eres su líder, pero tampoco debes verte tan distante de este que aparentes no tener ningún interés. Es todo un reto que alguien pase de formar parte de un grupo a ser su líder, tal como me sucedió en Trinity School for Ministry. Uno deja de ser visto de la misma manera por el resto del grupo y uno mismo debe aprender a verse de una manera diferente con el fin de mantener cierta distancia emocional para poder tomar decisiones correctas para el equipo, incluso si no son del agrado de uno o más miembros. Pero tampoco debes negarte cuando te invitan a reuniones sociales informales. Los miembros del equipo necesitan desarrollar cierta conexión personal contigo, la cual sabrán valorar. El empresario egipcio cristiano, Khaled Bichara, era conocido por la manera en que se esforzaba por crear equipos y mantenerse cercano a ellos, incluso luego de alcanzar la fama nacional e internacional por su gestión. Reconoció lo valioso que eran estas relaciones y se dedicó a ellas.

No hay duda alguna que la creación de equipos es todo un reto. Pero vale la pena desde muchas perspectivas, no solo en términos del desarrollo de los miembros del equipo sino también por causa de la labor que harán juntos. Una investigación llevada a cabo por Patrick Laughlin y un equipo de investigadores de la Universidad de Illinois en Urbana-Champaign halló que grupos de tres, cuatro y cinco miembros lograban constantemente conseguir mejores resultados que los mejores en resolver problemas. Laughlin atribuye esto a la gran habilidad de la gente a crear y tomar las decisiones correctas cuando trabajan en equipo.[17] Esto demuestra que trabajar como equipo produce mejores resultados que personas que trabajan solas. Cuando la gente vea estos resultados unas cuantas veces, incluso los que prefieren trabajar solos se animarán a unirse al grupo.

Hay dos aspectos en particular respecto a dirigir un equipo o grupo de equipos, lo cual ya hemos hablado de ello pero merece una atención especial antes de proseguir: gestionar el cambio y gestionar las comunicaciones.

Gestionar el cambio

Saber gestionar el cambio es una habilidad necesaria de todo líder, porque si la iglesia u organización anhela cumplir su visión, las cosas no pueden seguir siendo las mismas, algo tiene que cambiar. Cuando diriges estos cambios, será importante que los demás te sigan lo más lejos posible. Así que, supervisar a los demás no se trata solamente de mantener las cosas como siempre se han hecho, también hay que ayudar a la gente a transitar por cambios. Por tanto, saber cómo dirigir estos cambios de una manera exitosa será vital para la labor del líder.

Lo primero que el líder debe tener listo es *el proceso para llevar a cabo estos cambios*.[18] Esto requiere dos elementos principales: líderes que tengan la autoridad para hacer cambios y un plan acordado dentro del cual estos cambios podrán entenderse. Aquí es donde el esfuerzo en el desarrollo de líderes y la formación de una visión pueden dar muy buenos resultados. Es importante que se tenga a mano un *equipo de líderes* reconocidos, el cual supervisará estos cambios. En el caso de la iglesia de St. Helen, este era el equipo de liderazgo ministerial.

---

[17] Patrick R. Laughlin, Erin C. Hatch, Jonathan S. Silver y Lee Boh, "Groups Perform Better Than the Best Individuals on Letters-to-Numbers Problems: Effects of Group Size," *Journal of Personality and Social Psychology* 90, no. 4 (2006): 644–651.

[18] John Kotter, *Leading Change* (Boston: Harvard Business Review, 2012), 23, ofrece un proceso de ocho fases para gestionar el cambio, lo cual vale la pena consultar para un análisis más detallado.

En el Trinity School for Ministry era el consejo, que estaba formado por el rector, el decano académico, la administración y el decano de estudiantes. En el Wycliffe Hall era el consejo administrativo, que estaba formado por el rector, el vicerrector, el director de finanzas, la decana de mujeres estudiantes y el director del ministerio. Todos estos líderes poseen el privilegio de formular la manera en que se llevarán a cabo los cambios estratégicos para alcanzar la visión. Poseen también la tarea crucial de establecer prioridades para la organización, consultando ello con su consejo administrativo respectivo.

Para lograr los cambios de una manera satisfactoria, el equipo de líderes necesitará un marco de referencia con el fin de poder tomar decisiones, formular juntos una visión, un propósito y unos valores fundamentales, además de los planes para implementarlos y ponerlos por escrito en un solo documento, un *plan estratégico* o un plan de misión, tal como algunas iglesias prefieren llamarlo. Ello podría normalmente incluir lo siguiente:

- Introducción: una breve historia de la iglesia u organización
- Visión: incluyendo el propósito y los valores fundamentales
- Análisis: fortalezas y debilidades, oportunidades y amenazas que encara la iglesia u organización
- Objetivos: numéricos y otras metas que describan la visión con más detalle
- Tácticas: lo que se tiene que hacer para cumplir con las estrategias
- Pasos siguientes: cómo se debe comunicar, usar y monitorear el plan estratégico

La introducción deberá ser lo más clara posible y cuyo autor podrá ser alguien que conozca bien la historia de la organización. Ya hemos abordado el tema de la visión, el propósito y los valores fundamentales. El análisis podrá ser hecho por el equipo de líderes con la ayuda del consejo administrativo y otras personas que jueguen un papel importante en la organización, con el fin de proveer información clara y sincera respecto a la situación presente. Será un asunto de crear una lista de las principales fortalezas y debilidades de la organización, incluyendo las principales oportunidades y amenazas que encaran. Los objetivos hacen posible que la visión sea más específica al describir con más detalle el lugar donde la organización anhela estar de cinco a diez años en el futuro. Por lo general esto incluye datos específicos como, por ejemplo, cuántas personas se anticipa que participarán en la iglesia u organización, el personal que se requerirá y los fondos necesarios para hacer todo ello una realidad. Si a los interesados no les interesa mucho las metas numéricas, entonces como alternativa se podrá incluir dos o tres asuntos que se anhela ver en los siguientes años con el fin de ayudar a determinar las actividades que tengan la mayor probabilidad de que se cumplan.

Las estrategias describen las iniciativas que crees que servirán para alcanzar la visión y es probable que varíen bastante en número, desde unas pocas como las que teníamos en St. Helen, hasta muchas como las que tuvimos en Wycliffe Hall. Cuando se tenga muchas estrategias diseminadas a lo largo del plan de cinco a diez años o más, el equipo de líderes tendrá que establecer con frecuencia las prioridades para cada año. En el Wycliffe Hall, el consejo administrativo cumple aquella tarea en su retiro anual, luego de evaluar el progreso de las prioridades estratégicas del año anterior. De hecho, esto puede llegar a ser muy útil cuando se añade la revisión de presupuestos que apoyan estas prioridades o asignar metas para la recaudación de fondos.

Las tácticas podrían añadirse aquí también en caso de que haya pocas estrategias. Pero cuando se tengan muchas estrategias, es recomendable no incluir las tácticas sino explicar que están siendo desarrolladas por separado por aquellos que tienen a su cargo la implementación. Es interesante notar que algunas personas tienden a sentirse más cómodas cuando piensan en estrategias, mientras que otras prefieren dedicarse a las tácticas que llevan a la implementación de dichas estrategias. Todos estos esfuerzos se esclarecerán si se logra especificar quién hará qué cosas aprovechando el uso del método SMART. A menudo esta tarea consistirá en hacer que las metas implícitas se vuelvan explícitas, además de establecer metas nuevas. Quizá también pueda incluir lo que se conoce en inglés por *Big Hairy Audacious Goal* (BHAG), cuya traducción aproximada podría ser «una tremenda, espeluznante y osada meta». Este concepto en inglés fue recomendado por James Collins y Jerry Porras en su libro *Built to Last*, donde ofrecen como ejemplo la meta que el obispo Bob Duncan de la Iglesia Anglicana de América del Norte se propuso alcanzar en 2012: plantar mil iglesias. Luego, los pasos siguientes explican la manera en que este plan será implementado y llevado adelante, con el fin de asegurarse de que se cumplan los beneficios que se tenían en mente y se realice la visión. A estas alturas se podrá decidir si es que la propia organización necesita una restructuración con el fin de apoyar el plan estratégico.[19]

Mientras se disciernen las prioridades estratégicas, se podrán tomar decisiones respecto a lo que necesita cambiarse y la manera de hacerlo. Obviamente, todo líder *toma decisiones* y *resuelve problemas* todo el tiempo, pero es probable que en este caso lo que está en juego es mucho más grande debido a la magnitud de lo que se está decidiendo, así que será muy útil llegar a un acuerdo respecto a tomar pasos bien intencionados y claros. A continuación ofrecemos un método:

1. Agrupar a los que toman las decisiones:
   - ¿Es algo que solo ellos pueden decidir?
   - ¿Se requiere del consejo de otros?
   - ¿Qué equipo de gente será el óptimo para tomar las mejores decisiones?
2. Orar:
   - Buscar el consejo del Señor y prestar atención a la voz del Espíritu.
3. Aclarar los objetivos en términos de lo que se quiere alcanzar:
   - ¿Que les gustaría ver en esta situación que tenga relación con la visión en general?
   - Si tienen objetivos opuestos, quizá tengan que asignarles prioridad según su nivel de importancia.
4. Describir el problema o la oportunidad:
   - Describan la manera en que la situación actual no cumple los objetivos.
   - Cada problema u oportunidad debe resumirse en una oración, con el fin de lograr claridad.
5. Enumerar otras posibilidades respecto al problema u oportunidad:
   - Proponer ideas respecto a las posibles opciones; ninguna propuesta debe ser ignorada o descartada a estas alturas.

---

[19] Ian Parkinson ofrece un diagrama muy útil que muestra la manera en que se interrelacionan todos los elementos de un plan estratégico, y reconoce que esta idea la tomó prestado de James Lawrence. Ian Parkinson, *Understanding Christian Leadership* (Londres: scm, 2020), 228.

- ¿Qué pasos deben seguir para alcanzar la situación que desean?
- Quizá llegue a ser obvio que se requiera más información antes de tomar alguna decisión.

6. Evaluar las alternativas y elegir la(s) mejor(es) opción(es):
   - Enumerar los asuntos a favor y en contra en cada opción.
   - Piensen cómo mejorar la decisión con el fin de aprovechar al máximo los asuntos a favor y reducir al mínimo los asuntos en contra.
   - Quizá deban considerar empezar con un proyecto piloto con el fin de probar la idea o tener un período de prueba.

7. Llevar a cabo la decisión:
   - Orar e implementar los pasos necesarios para llevar a cabo la decisión.
   - Comunicar la decisión con la mayor amplitud posible e incluir explicaciones.
   - Monitorear los resultados de la decisión y aprender de ellos para el futuro.

Este método para tomar decisiones fue desarrollado a partir de varios ya existentes y que tenían amplio uso durante mi tiempo en Trinity School for Ministry y lo llegamos a usar muchas veces. Cuando queríamos resolver problemas que surgían entre los líderes que estaban a cargo de los cultos públicos de la capilla, problema que es muy común entre muchos líderes cristianos, solía convocar a los que estaban involucrados en la vida de la capilla: el director de los cultos, el encargado de predicar y dos encargados de la enseñanza doctrinal. Orábamos y luego les explicaba nuestros objetivos, esto es, lo que deseábamos que suceda, y nos poníamos de acuerdo en que todos deseábamos producir excelentes líderes del culto que conociesen, respetasen y honrasen la tradición anglicana. Luego nos era posible describir el problema en términos de nuestras faltas: había cierta informalidad de parte de algunos de los que dirigían el culto. Luego de ello aportábamos ideas respecto a cómo mejorar la situación como, por ejemplo, pedirle a los profesores y personal que nos muestre cómo oficiar los cultos durante la primera o segunda semana del año académico y asignar a grupos de estudiantes la responsabilidad de dirigir los cultos una vez por semana.

Luego, estas y otras ideas eran evaluadas y se elegían algunas de ellas para su implementación, incluyendo las dos que fueron mencionadas anteriormente, y se consultaba con los miembros de la facultad y el resto de la comunidad. Esto demostró ser una gran ayuda para los cultos.

Un ejemplo de los beneficios de un *período de prueba* cuando se gestiona el cambio sucedió cuando dirigía la iglesia de St. Helen. Un día me encontraba inspeccionando de cerca parte del mobiliario cuando descubrí una gran mesa arrimada hacia una de las paredes. Estaba cubierta con un mantel de un color reluciente y cuando lo quité noté que era una mesa tallada a mano que había sido obsequiada a la iglesia y que los tallados hacían juego con los arcos de la iglesia y llevaba una placa conmemorativa con los nombres de los ministros fundadores de la iglesia. Pensé que era una mejor mesa para la comunión que la que usábamos al presente, ya que esta era demasiado alta. Consulté con otros y descubrí que ya antes había sido considerada para uso de la comunión, pero hubo dos personas que expresaron fuertes opiniones a favor de la mesa actual.

Había otras piezas del inmobiliario, incluyendo el púlpito y el atril, los cuales me parecían que estaban mal ubicados. Todos estos eran fáciles de reubicar, así que, a manera de experimento, algunos de nosotros cambiamos rápidamente las mesas y movimos el púlpito y el atril a ubicaciones más adecuadas. Todo el que se presentó en la iglesia aquella tarde, se le preguntó qué le parecía el nuevo arreglo de muebles. Todos respondieron que preferían la nueva ubicación. Luego, una de las personas que anteriormente se me había informado que se opuso al cambio del mobiliario, se presentó. Demostró estar agradablemente sorprendida, pero no tan de prisa, respecto a los cambios.

Aquella tarde, tuvimos nuestra reunión del consejo de la iglesia. Luego de acatar el consejo de otros líderes, decidí dejar los muebles en su nuevo lugar temporal y pedirle a los miembros del consejo que fueran a ver y me dijeran qué les parecía. Hubo muchos comentarios positivos acerca de los cambios. Decidimos dejarlo así hasta el domingo y explicarle a la congregación que estábamos probando estos cambios durante los próximos seis meses. Si luego de este tiempo la gente decidía volver al antiguo arreglo, entonces acataríamos su deseo.

Hasta el día de hoy los muebles permanecen en sus nuevas ubicaciones desde que así los colocamos.

En lo posible, hay que incluir a aquellos que serán directamente afectados por los cambios, lo cual se conoce como *gestión compartida*. Cuando lleves a cabo esta clase de discusiones, debes ser lo más claro posible respecto a la información que compartes, cada vez que pidas consejo y cuando quieras que la gente tome alguna decisión, con el fin de evitar cualquier confusión acerca de la clase de respuesta que solicitas. Con esta clase de consultas no solo aprovecharás la sabiduría de todo el grupo respecto a los cambios que se están haciendo, sino que también lograrás un sentido de pertenencia acerca de los cambios. Se dice por allí que la gente se opone a lo que no está al tanto. Incluso cuando la gente ve que sus ideas no son aceptadas, saben por lo menos que fueron escuchadas. También es mejor recibir toda clase de comentarios antes de hacer cambios, que recibirlos luego, ya que para ese entonces se habrán cometido errores innecesarios. Una vez más, ganarse la confianza de la gente y desarrollar líderes demuestra ser altamente valioso, así como también acordar una visión, un propósito y unos valores fundamentales.

Una vez que el equipo de líderes haya decidido que algo tiene que cambiar, será importante *comunicar con claridad* la razón del cambio, el tiempo que se tomará para llevarlo a cabo y cómo beneficiará a los demás, reconociendo que dicho cambio causará cierto estrés entre la gente. Según el químico francés, Le Chatelier, todo cambio enfrenta oposición y lo que es verdad para los sistemas químicos también lo es para las sociedades humanas. Así que, no tomes nada personal cuando el cambio enfrente oposición. De manera instintiva los seres humanos se preocupan respecto a lo que el cambio les traerá a ellos, ya que desconocen su impacto y por ello es desconcertante. Algunos son capaces de adaptarse al cambio rápidamente, muchos se adaptan más lentamente y algunos se oponen vehementemente contra este.[20] Por ello, cuando comuniques los cambios a los demás, deberás animarlos, comparte historias exitosas durante el proceso y continúa amándolos no importa la manera en que respondan.

---

[20] Ver Alan J. Roxburgh y Fred Romanuk, *The Missional Leader: Equipping Your Church to Reach a Changing World* (San Francisco: Jossey-Bass, 2006), 103.

Con el fin de gestionar el cambio de una manera adecuada, los líderes necesitan aprender a *negociar* con personas y grupos, dado que los desacuerdos y conflictos serán inevitables. Cuando surjan estas situaciones, recuerda que la meta de toda buena negociación es llegar a un acuerdo que funcione para todos. No se trata de ganar o perder sino de esforzarse juntos para alcanzar una meta compartida. Luego, debes llegar a un acuerdo respecto al proceso; ¿quiénes participarán? ¿cuándo se reunirán? ¿para cuándo se necesitará tomar una decisión? Es muy importante ser claros respecto a lo que ambos lados realmente necesitan en lugar de lo que quisieran pero pueden prescindir de ello.[21] Es probable que en estas conversaciones suceda un dar y recibir y el proceso para tomar decisiones que se incluyó anteriormente podría ser muy útil para ello. Pero, espero que por la gracia de Dios puedas llegar a un acuerdo, el cual necesitará describirse y comunicarse con la mayor claridad posible. Si todo marcha bien, las buenas negociaciones deben enriquecer las relaciones entre los involucrados.

A veces, el grado de *oposición* al cambio es muy alto. Por ejemplo, tenía las esperanzas de poder cambiar el orden de los cultos del domingo en St. Helen con el fin de celebrar la comunión más a menudo. Me había esforzado bastante en hacer que estos cultos fuesen más acogedores para aquellos que aún no se habían comprometido con la fe cristiana y pensé que había sugerido un orden de los cultos que fuese aceptable para todos. Sin embargo, un buen grupo de personas clave, la mayoría de ellos con una gran influencia aunque no participaban del liderazgo, se opusieron vehementemente al cambio. Nos dejaron saber muy claro que tanto ellos como otros se marcharían de la iglesia si se realizaban los cambios. Así que, me reuní con cada uno de ellos de manera individual con el fin de conversar más a fondo del asunto, pero no pude convencerlos de los beneficios que estos cambios traerían. Al final, llegué a la conclusión de que era mejor dejar el culto como estaba. Quizá hubiésemos podido retomar el tema unos años más tarde, pero no sucedió durante mi permanencia en el cargo.

---

[21] Ver Roger Fisher y William Ury con Bruce Patton, *Getting to Yes: Negotiating Agreement without Giving In*, 2nd ed. (Nueva York: Penguin, 1991).

En otra ocasión, me pareció correcto proseguir con el cambio a pesar de la fuerte oposición y las amenazas de marcharse de la iglesia. En aquel caso, se trataba del cambio de horario del primer culto dominical en St. Helen, esto es, cambiarlo de las 9:30 a las 9:15 de la mañana, con el fin de permitir más tiempo de socialización antes de que empiece el siguiente culto. Sería conveniente para aquellos que venía al primer culto, pero de hecho sí los incomodó porque se les pedía que vinieran más temprano de lo acostumbrado. Hubo cierta oposición, pero los que hicieron más ruido fueron dos miembros de la congregación. Me reuní con ellos, los escuché y les expliqué los detalles de los cambios. Siguieron firmes en su oposición, pero decidimos proseguir con los cambios. Me alegra decir que aquellos que se opusieron al cambio, al final no se marcharon de la iglesia.

Es probable que la más grande decisión que hayamos hecho en St. Helen fue acerca de las remodelaciones del salón de la iglesia. Se invirtieron grandes cantidades de dinero y la decisión nos llevó a firmar un acuerdo de un mínimo de 25 años con un colegio Montessori. Nadie de la junta directiva tenía experiencia en firmar acuerdos de esa magnitud. Era comprensible que estuviesen preocupados. Siguiendo las recomendaciones de uno de mis consejeros de liderazgo, en el día que teníamos que tomar la decisión final invité a que cada uno compartiese sus pensamientos antes de llevar a cabo la votación. Era obvio que muchos sentían que el compromiso era demasiado inmenso y que se inclinaban a votar en contra. Yo fui el último que habló. Viendo lo que podía pasar, les hablé acerca de las grandes oportunidades que este acuerdo, el colegio y la comunidad de alrededor traerían para el ministerio. También les compartí mis temores respecto a rechazar esta oportunidad. ¿Cómo podríamos esperar que las iglesias que nos apoyaban con subsidios siguieran haciéndolo, sabiendo que habíamos rechazado una tremenda oportunidad? Al final, el acuerdo fue aprobado, con tan solo dos votos en contra. Con el paso del tiempo, los que se opusieron al acuerdo se dieron cuenta de que había sido una buena decisión. Aquellos tiempos fueron estresantes.

Saber gestionar el cambio de una manera adecuada es vital para la labor del líder. También lo es gestionar las comunicaciones. ¿Cómo podemos gestionar las comunicaciones de una manera adecuada?

Gestionar las comunicaciones

Un aspecto vital del liderazgo es la comunicación dentro de la iglesia u organización y con el público en general. Es fundamental que la gente sepa qué es lo que acontece internamente y que se sienta que forma parte de algo mayor. Los correos electrónicos, los boletines y en algunos casos las revistas pueden ser muy útiles para este propósito. La comunicación externa sirve para ofrecer un perfil y buen prestigio de la organización. Siempre será oportuno aprovechar toda oportunidad para diseminar lo que Dios está haciendo. Incluso obras aparentemente pequeñas pueden generar un gran cambio. Me sorprendió descubrir el impacto que obtuvimos cuando colocamos un nuevo letrero con el nombre de la iglesia de St. Helen. El antiguo letrero se encontraba en un estado calamitoso y el nuevo había sido diseñado por un miembro de la congregación, que se dedicaba profesionalmente a ello. Con ello logramos anunciar un mensaje positivo día y noche, lo cual cambió la percepción respecto a la iglesia en el vecindario.

También se lograrán muy buenos resultados si se aprovechan *los medios sociales y las páginas web*, además de entablar relaciones con los periodistas. Alguien deberá estar a cargo de todo esto, junto a una estrategia que muestre con quiénes la organización quiere comunicarse, qué asuntos desea comunicar y cuándo y dónde piensa hacerlo. Es importante comunicar con frecuencia la visión, el propósito y los valores fundamentales. También podrás utilizar al máximo tus charlas, sermones y escritos compartiéndolos entre la mayor cantidad de gente posible o, por lo menos, diseminando parte de ellos. Es muy raro encontrar alguna organización donde sus miembros crean que reciben demasiada información.

Durante mi tiempo en St. Helen, no tuve muchas oportunidades para contactarme con *periodistas* y solo en dos ocasiones me comuniqué con la prensa en calidad de ministro asistente en St. John de Hyde Park, la primera cuando tuvimos un evento de equitación y se me preguntó si los caballos tenían alma, y la segunda oportunidad cuando un periodista del diario *The Times* me llamó por teléfono para preguntarme que le enumerara los Diez Mandamientos, supuestamente para demostrar que no todos los líderes de la iglesia podían hacerlo. Creo que acerté en los diez, aunque quizá haya repetido uno de ellos. Cuando estaba en Pittsburgh, un periodista de una estación cristiana de radio se comunicó conmigo respecto al Día de la Reforma y me entrevistó por teléfono. A partir de aquella entrevista logramos entablar una relación que se convirtió en entrevistas mensuales en la radio. Fue una experiencia que me causó alegría porque tuve que pensar en ciertos temas y la manera en que debía responderlos. También me agradó mucho saber que el perfil del centro de educación se hizo más conocido en la región e hizo que tuviéramos visitas. Todo ello me sirvió de experiencia para una entrevista mucho más difícil cuando la BBC *World Services* me entrevistó en torno al nombramiento del arzobispo Justin Welby, respecto a asuntos de la sexualidad humana. Felizmente, tuve la última palabra y el privilegio de compartir el evangelio en los minutos finales de la entrevista.

Cuando se te presente la oportunidad de *ser entrevistado por un reportero*, ya sea porque tomaste la iniciativa enviándole un comunicado de prensa o como respuesta a algún suceso local o nacional en el que el reportero crea que podrás contribuir algo, lo primero que deberás hacer es descubrir qué es exactamente lo que quiere:

- ¿De qué exactamente quiere conversar el reportero?
- ¿A qué audiencia se dirige el reportero?
- ¿Cuánto durará la entrevista o el reportaje?
- Y en caso de que la entrevista sea para la radio o la televisión: ¿será en vivo? Si es así, ¿cuál será la primera pregunta?

En caso de que el reportero quiera una entrevista de inmediato, es recomendable que le pidas cierto tiempo para pensar bien en el asunto y que lo llamarás de regreso en una hora más o menos. Luego, prepara lo que tengas que decir resumiendo tus ideas en varios puntos y poniéndolas por escrito, no como si fuese un guion, incluye casos prácticos, ejemplos y anécdotas. Ten previsto todas esas preguntas que surgirán: quién, qué, dónde, cuándo y por qué. Pídele a tus compañeros que oren por ti.

En caso de una *entrevista cara a cara*, asegúrate de estar vestido profesionalmente y presta mucha atención a las preguntas. Sonríe, mantén el contacto visual y permanece relajado. Comunícate con hechos fehacientes, con franqueza y deliberadamente, habla directo y al grano, de una manera firme pero amistosa. Recuerda que sabes más del tema a tratar que lo que sabe el reportero. Intenta mantener un estilo como si fuera una conversación familiar, es decir, animado, breve, sencillo y sin jergas regionales. Sé cortés y amable y evita cortar la conversación, excepto si crees que es inevitable, en cuyo caso hazlo confiadamente. No te apresures a llenar momentos de silencio y ten la disposición a decir «no lo sé». Evita responder con un solo «sí» o «no» o «sin comentarios» y jamás pierdas la cordura. Asegúrate de decir lo que quieras decir y evita emitir opiniones «extraoficiales». Recuerda que se trata de una gran oportunidad que se te presenta y debes aprovecharla al máximo en pro de la fe.

«Despedirse» adecuadamente

En cierto momento la gente se va o cambia de trabajo y, entonces, es importante *manifestar agradecimiento* por la labor cumplida. Es lo correcto y así se deben hacer las cosas, pero también comunica un mensaje importante a aquellos que se quedan trabajando en la iglesia u organización: valoramos mucho su presencia y la labor que realizan es importante. Sin embargo, esto se torna difícil cuando se le pide a alguien que se marche, dado que se debe ejercen mucho cuidado y pedir el consejo de un experto. Pero incluso en estos casos, conviene terminar la relación laboral de la mejor manera posible. Antes de que la persona se marche de la organización, se recomienda tener una «conversación de salida» con el fin de escuchar las opiniones de la persona respecto a las fortalezas y debilidades de la organización en ese momento.

Es comprensible que haya *la tendencia a aferrarse a los mejores empleados* cuando nos comuniquen que están buscando un puesto laboral en otro lugar. Y de hecho, hay cambios que se pueden o se deben hacer si se desea mantenerlos por más tiempo en la organización. Pero habrá ocasiones en donde estarán en su derecho de marcharse y te dejarán con la interrogante: ¿cómo me las arreglaré sin ellos? ¿quién podrá remplazarlos? Ciertamente, esto será una prueba de fe. Al poco tiempo de que yo llegase a St. Helen, llegó también un gran y talentoso líder joven. Demostraba gran madurez en la fe, tenía experiencia con el trabajo de jóvenes y le apasionaba compartir el evangelio. Nos reunimos al poco tiempo de que llegara y exploramos áreas donde pudiera involucrarse. Poco tiempo después, se había marchado. Su caso no fue que la iglesia tuvo que despedirlo sino que su trabajo lo trasladó a otro lugar. Fue un golpe muy duro para la iglesia. Años más tarde, luego de haberme marchado de St. Helen, me encontré otra vez con este joven y me contó que se había involucrado más con la iglesia luego de que las circunstancias de su trabajo cambiaron. Para ese entonces, se estaba preparando para el ministerio ordenado y se había dado cuenta de que su tiempo en St. Helen le había servido de preparación para esta nueva etapa.

Estar consciente del hecho que la gente se marchará nos debe recordar cuán importante es la *planificación para la línea de sucesión*. ¿Dónde se podrán encontrar líderes que remplacen a los actuales cuando estos se marchen? En estos casos, también será muy útil tener a mano una descripción de trabajo. También será importante la identificación y el desarrollo de posibles líderes. Es un hecho que habrá oportunidades que se presenten y uno desea que la gente esté ya lista cuando esto suceda. En lo posible, se recomienda contratar a gente de dentro de la iglesia u organización, ya que entienden la cultura y conocen lo que quieres hacer. Sin embargo, en el caso de puesto remunerados, incluso si anticipas contratar desde dentro, aún es útil que coloques un anuncio respecto al trabajo con el fin de asegurarte de que contrates al mejor candidato posible. Esto no es solamente para el beneficio de la iglesia u organización, también lo es para la persona contratada, quien sabe que él o ella no era el único candidato que se presentó. También sería recomendable que elabores una base de datos de los lugares donde anuncies los puestos de trabajo cuando estos aparezcan.

Esta gestión de personal es la primera y más importante tarea de todo líder y se divide en varias partes. Pero no es la única. También hay la necesidad de gestionar el dinero y el tiempo. A continuación abordaremos la gestión del dinero.

Gestionar el dinero

Para que la misión se cumpla, los líderes deberán recolectar los fondos monetarios que se necesitan para lograrla y administrar bien aquellos fondos. Esto incluirá tanto las formas en que se recaude el dinero como la manera en que se invierta, ya sea en personal o en edificios y equipos. A los seres humanos se les ha dado el gran privilegio y responsabilidad de administrar los recursos de Dios (Gn 1.28), y los líderes poseen la prerrogativa de decidir la manera en que esto se debe llevar a cabo no solo para ellos sino también para los demás. Por ello, es necesario que el dinero se administre con un buen criterio, de manera eficiente y que sea irreprochable a vista de todos (2Co 8.20). ¿Cómo debemos proceder con todo este asunto?

Recaudar fondos con una actitud alegre

En el caso de algunos líderes, recaudar ingresos es posible porque venden productos o servicios. Sin embargo, en el caso de otros líderes, su labor depende del apoyo que recibe de voluntarios. Los líderes de organizaciones cristianas por lo general pertenecen a la segunda categoría. Así que, hasta cierto punto, se ven en la necesidad de recaudar fondos, incluso cuando sea algo tan sencillo como recolectar ofrendas en los cultos o reuniones. A menudo será necesario recaudar más fondos de los que he descrito anteriormente.

El apóstol Pablo se dedicó a recaudar fondos y solicitó apoyo económico para la iglesia de Judea (2Co 8.1-15). Dejó bien claro que la primera meta de la recaudación de fondos es *entregarse a sí mismos... al Señor* (v. 5). La recaudación de fondos que los cristianos hagan debe empezar dándonos cuenta de que pertenecemos a Dios, porque él nos ha creado y nos ha redimido. Respecto a este asunto, es una prioridad así como en otros aspectos del ministerio cristiano que estemos conscientes de que se trata de un llamado, a nosotros y a los demás, para que nos entreguemos a Dios como sacrificios vivos (Ro 12.1).

También debemos reconocer que *todo lo que poseemos nos ha sido dado por Dios*. Tal como nos recuerda el salmista, todo pertenece al Señor (Sal 24.1) y tal como dice Santiago, toda buena dádiva y don provienen de Dios (Stg 1.17). Así que, Dios nos ha llamado para que no solo le entreguemos nuestras vidas sino también nuestras posesiones, lo cual incluye el dinero. Por tanto, es una actividad espiritual y vital en la vida del discipulado que demos generosa, sacrificial y gozosamente (2Co 8.2-3; 9.7). Debemos promover esto en nuestras iglesias y organizaciones. Yo concuerdo con la idea de que los cristianos deben dar el diezmo, diez por ciento de sus ingresos a la iglesia local o quizá dividirlo entre la iglesia y otros ministerios. Y aliento a los demás, si está dentro de sus capacidades, que ofrenden más allá del diezmo. Cualquiera que sea la postura en torno al diezmo, los líderes deben buscar apoyo financiero para sus iglesias u organizaciones y deben comunicar sus necesidades monetarias de una forma amable y encantadora.

Jesús habló con bastante frecuencia acerca del dinero, pero muchos líderes cristianos *se sienten incómodos cuando hablan de dinero*, dado que proyecta una imagen interesada y egoísta y nos aterra la idea de que dañemos la relación con la gente de la iglesia. Creo que nos ayudaría si tomamos conciencia acerca de cuán espiritualmente importante es que nos demos cuenta de que todo lo que poseemos pertenece a Dios y cuán valiosos son nuestros recursos para el servicio del reino. Se dice que Martín Lutero comentó que hay tres clases de conversión: la conversión de la mente, la conversión del corazón y la conversión de la cartera. Puede llegar a tomar un buen tiempo para que lo que sabemos del evangelio en nuestra mente llegue a cautivar nuestro corazón y más tiempo aún para que cautive nuestras posesiones. Esto nos debe servir para que recordemos cuán importante es para muchos cristianos llegar a ser un dador generoso. Por lo general, se logra alcanzar un nivel muy importante en el peregrinaje cristiano cuando se toma la decisión de ser un dador generoso.

Henri Nouwen lo describió de una manera precisa en su libro *A Spirituality of Fundraising*:

> Cuando tratamos la recaudación de fondos como un ministerio, invitamos a la gente a que forme parte de una nueva manera de relacionarse con sus posesiones. Al dar a la gente una visión espiritual, queremos que ellos experimenten que efectivamente se beneficiarán cuando compartan sus posesiones con nosotros. Creemos con toda sinceridad que si sus ofrendas son buenas solamente para nosotros que las recibimos, entonces no es recaudación de fondos en el sentido espiritual. La recaudación de fondos desde el punto de vista del evangelio le dice a la gente: «tomaré de tu dinero y lo invertiré en esta visión solamente si te es de beneficio espiritual, solo si es bueno para tu salud espiritual». En otras palabras, nuestro llamado es para que ellos experimenten una conversión: «No te volverás pobre,

te volverás rico cuando ofrendes». Con toda confianza podemos afirmar junto al apóstol Pablo: «Ustedes serán enriquecidos en todo sentido para que en toda ocasión puedan ser generosos» (2Co 9.11).[22]

Entonces, enseñar constantemente a ofrendar no solo ayuda a solidificar las finanzas de la iglesia u organización, también ayuda a que la gente descubra el gozo de dar. Espero que también pueda convertir a líderes que se niegan a recaudar fondos en entusiastas recaudadores, especialmente cuando vean los beneficios que se obtienen de ello. Esto es lo que me sucedió a mí durante mi tiempo en Trinity School for Ministry.

El propio Jesús y sus discípulos recibieron el apoyo económico por la generosidad de otros: «Después de esto, Jesús estuvo recorriendo los pueblos y las aldeas, proclamando las buenas noticias del reino de Dios. Lo acompañaban los doce y también algunas mujeres que habían sido sanadas de espíritus malignos y de enfermedades: María, a la que llamaban Magdalena y de la que habían salido siete demonios; Juana, esposa de Cuza, el administrador de Herodes; Susana y muchas más que los ayudaban con sus propios recursos» (Lc 8.1-3). Y si bien el apóstol Pablo no recibió dinero de parte de la iglesia de Corinto (2Co 11.7-15), sí lo hizo de parte de creyentes de Filipos y otros lugares (Fil 4.15-16; 2Co 11.8-9) para complementar lo que ganaba fabricando tiendas de campaña (Hch 18.3) y fue recibido por la hospitalidad de Priscila y Aquila (Hch 18.1-3) y Lidia (Hch 16.15). También describe a Febe como alguien que «ha ayudado a muchas personas» (Ro 16.2). Ha habido muchos casos destacables de patrocinio cristiano a lo largo de la historia de la iglesia como, por ejemplo, Humphrey Monmouth que patrocinó la traducción de la Biblia de William Tyndale, Lady Huntingdon que apoyó las campañas evangelísticas de George Whitefield, y John Thornton que subsidió el ministerio de John Newton y la creación de sus himnos, incluyendo la primera edición de «Amazing Grace».[23] Dondequiera que se logre establecer una conexión

---

22 Henri Nouwen, *A Spirituality of Fundraising* (Nashville: Upper Room Books, 2010), 19.

23 John Rinehart, *Gospel Patrons: People Whose Generosity Changed the World* (Fullerton, CA: Reclaimed Publishing, 2013).

con el ministerio del evangelio, no solo en lo que se refiere a apoyo financiero sino también en consejos y oración, puede llegar a ser algo verdaderamente transformador.

Se debe considerar tener listo algún método para recaudar fondos destinados a *los gastos comunes* de la organización, tales como salarios, gastos del edificio, luz, agua y gas. ¿Cuál será la mejor manera de solicitar fondos para esta clase de gastos? Podría ser por medio de anuncios en reuniones, cartas, correos electrónicos o en conversaciones personales. En St. Helen, logramos desarrollar algo que aprendí cuando era pastor asistente en St. John de Hyde Park: llevar a cabo talleres anuales respecto a la importancia de ofrendar de una manera proporcional y sacrificial. Quizá se podría hacer por medio de una serie de sermones en torno al tema, con testimonios y documentos suplementarios acerca de las finanzas de la iglesia y sus futuras necesidades. Aquí también será muy útil tener por escrito la visión y el propósito de la iglesia. Es un asunto de encontrar lo que funcione para cada situación en particular.

A veces el líder debe involucrarse en pedir *fondos específicos* con el fin de llevar a cabo ciertos componentes de la visión. Esto podría ser solo para un aspecto o para un grupo de necesidades como parte de la campaña de recaudación de fondos, en cuyo caso se recomienda solicitar la ayuda de un consultor experto en estos asuntos. Este podrá determinar si estás en la condición de llevar a cabo una campaña de esta clase, preguntarles a posibles donantes si están dispuestos a contribuir a esta campaña e identificar cuáles elementos serán los que tienen mayor posibilidad de recibir fondos. Además, el consultor te sabrá asesorar respecto a las fundaciones benéficas con las que podrías contactarte. Luego de ello, el consultor te podrá guiar paso a paso por el proceso. Esta ayuda es invalorable y que vale el esfuerzo y la inversión. Por lo general involucra la producción de material de apoyo, ya sea digital o impreso, que contenga la visión y lo que se necesita para alcanzarla, además de información financiera y otros datos pertinentes.

Algunos líderes temen que esta clase de recaudación de fondos involucre poner presión en la gente para que ofrende lo que no quiere ofrendar. Sin embargo, esto no es así o no debería ser así (2Co 9.7). Se trata de desarrollar relaciones genuinas con aquellos que comparten los valores de tu iglesia u organización y anhelan verla que salga adelante. También involucra descubrir lo que a la gente le gustaría apoyar y encajar ello con lo que necesitas. Entonces, el líder debe saber presentar a la gente la oportunidad de colaborar en este ministerio del evangelio.

Cuando llegue el día donde *se solicite fondos,* la tarea del líder consistirá en orar, contribuir personalmente con una ofrenda que represente un sacrificio económico de parte de él o ella y luego presentarse delante de la gente y solicitar los fondos de ayuda económica. Deberá explicarles la diferencia que una ofrenda hará y luego decirles: «¿Estaría Ud. [y su cónyuge] dispuesto a contribuir económicamente con el fin de que logremos alcanzar nuestra visión? Luego, habrá que dejar que piensen en la solicitud. Mientras tanto, podrás orar por ellos para que el Espíritu Santo haga su labor en esta situación. Quizá uno de los donantes quiera saber cuánto dinero esperas que contribuya, por ello será recomendable que tengas a mano cifras exactas. Deberás agradecer a la gente por la cantidad que sea de dinero que contribuyan y ten presente que quizá tomen cierto tiempo para pensarlo. Aún me sorprende la cantidad de donantes que me han dicho que nadie les dio las gracias por su ofrenda. Aquello es sencillamente malos modales y es probable que cause que la próxima vez duden en volver a ofrendar. Por ello, asegúrate de agradecer por todas las ofrendas que recibas, sin importar la cantidad, con una nota personal o una llamada por teléfono y confirmando que el dinero se gastará en lo que habías presentado y no en algo distinto. De esta manera, lograrás establecer un vínculo de confianza duradera y es probable que con el tiempo las pequeñas ofrendas se conviertan en grandes contribuciones.

Una de las grandes satisfacciones del liderazgo cristiano es ver los rostros contentos de aquellos que ofrendan a la misión donde tienen un apasionado interés. Se nos hizo claro que necesitábamos recaudar mucho más apoyo financiero para los alumnos del Trinity School for Ministry. Me encontraba compartiendo estas noticias a nuestro consejo administrativo cuando uno de los miembros se sintió conmovido por esta preocupación. Aparentemente, el Espíritu Santo la conmovió y se cubrió su rostro con las manos. Luego de la reunión, un colega y yo nos reunimos con ella en mi oficina y le solicitamos que contribuyera con una fuerte cantidad de dinero destinada a becas para estudiantes. Nos dijo que daría la mitad de dicha cantidad y que podíamos destinar algo de ello para el gasto general. Pero también nos dijo que el dinero para las becas no debía usarse como una inversión diferida, de la cual se debía retirar solo los intereses. Más bien, nos indicó que debía gastarse según la necesidad inmediata. Aquella donación dio inicio a un fondo al que muchas otras personas contribuyeron. A partir de ese entonces, pudimos ofrecer becas completas a los alumnos que las necesitaran. ¡Fue una gran bendición para aquellos alumnos! Y que alegría le causó a aquella persona que prácticamente brincaba de gozo. Tal como dijo Jesús: «Hay más dicha en dar que en recibir» (Hch 20.35).

Alf Stanley dejó su hogar en Australia para ministrar durante treinta y cinco años en África oriental con la Church Missionary Society. Sirvió como obispo de Tanganica central, en donde supervisó la plantación de un gran número de iglesias y el establecimiento de escuelas y hospitales. Y luego vino a ser el rector fundador de Trinity School for Ministry. Solía decir: «Dios paga por lo que ha pedido», cada vez que dirigía a la institución durante el tiempo de oración por las necesidades financieras. También hacía recordar a los demás que, cuando se confía en la provisión de Dios, la institución sería «sensible a la desaprobación de Dios». Si la situación económica indicaba que habría falta de fondos, invitaba a todos a que le preguntaran a Dios qué es lo que estaban sucediendo. ¿Acaso habría algo de qué arrepentirse de manera corporativa o individual? Estos dos principios para recaudar fondos llegaron a formar parte del ADN de la institución.

Hay muchas otras historias de la provisión de Dios para Trinity School for Ministry a lo largo de su vida. Una de mis favoritas es aquella ocasión cuando nos dimos cuenta de la urgente necesidad por tener materiales de educación que fuesen fiables y de alta calidad para todas las edades en la iglesia. Entonces surgió la posibilidad de que un centro educativo se reubicara en Trinity. Vendría con nombre pero sin personal. Luego, el consejo acordó explorar la oferta, así que se empezó a buscar un director. A uno de mis colegas de la facultad se le vino a la mente el nombre de alguien que cumplía con los requisitos y la experiencia adecuada, incluyendo experiencia en la industria editorial. Este candidato estaba por firmar un contrato laboral con otro centro educativo, así que tuvimos que agilizar el trámite con el fin de redactar una descripción de trabajo, encontrar los fondos para los dos primeros años y entrevistarlo. Logramos descubrir una fundación que creíamos que tenía la capacidad de contribuir una fuerte suma de dinero y así proceder con los planes. Al final, aquella fundación no pudo apoyarnos, lo cual nos causó desilusión. Pero, justo unas cuantas semanas más tarde, nos llegó una inesperada ofrenda por la misma cantidad de dinero que la promesa de la anterior fundación. ¡Gracias a Dios!

La necesidad de encontrar fondos a largo plazo para este puesto de trabajo jugó un papel determinante cuando tuvimos que decidir que debíamos proseguir con la campaña para recaudar fondos. Durante esta campaña, se logró identificar a otra fundación que pudiera tener interés en este ministerio. Uno de los administradores del fideicomiso conocía al nuevo director del centro educativo y tenía varias conexiones con Trinity, algunas de las cuales las conocimos luego de que nos reuniéramos en persona. Esta fundación pudo contribuir una cantidad monetaria lo suficientemente grande como para asegurar económicamente el puesto por largo tiempo. ¡Qué maravilloso es ver que Dios provee de una manera extraordinaria!

Tener en orden un buen procedimiento financiero

Los líderes cristianos tienen la obligación de administrar el dinero de una manera transparente y abierta, mientras que al mismo tiempo deben salvaguardar toda información confidencial. Es una gran ventaja tener un buen *tesorero o contador* que ayude con las finanzas. En el caso de grandes iglesias u organizaciones, es probable que se requiera un profesional competente en contabilidad, mientras que las organizaciones pequeñas solamente requerirán algún contador voluntario. La tarea de esta persona consistirá en supervisar la nómina o planilla y cualquier fondo restringido o de inversión diferida. Sin embargo, que esta persona tenga cualificaciones contables no será suficiente. Deberá ser reconocida como un líder de la iglesia u organización y deberá anhelar que se cumpla la visión, lo cual será pedirle bastante a aquella persona. Alguien así será difícil encontrar en algunos contextos, tal como sucedió con St. Helen. Incluso quizá sea necesario pagarle a alguien para que maneje los libros contables y que trabaje junto al tesorero en representación de la iglesia u organización.

Para poder realizar operaciones bancarias, se deberá tener un *procedimiento adecuado*, con por lo menos dos personas que manejen el dinero en efectivo y asegurándose que alguien más, aparte del tesorero o gerente financiero, revise los estados de cuenta. También se deberá tener a intervalos regulares un procedimiento de auditoría contable. La razón de ello es para reducir al mínimo la posibilidad de que ocurra malversación de fondos y para proteger la reputación de aquellos que manejan el dinero y de la propia organización. De esta manera, la gente podrá sentirse confiada de que el dinero está siendo usado de una manera correcta y que se está promoviendo el propósito de la organización. Si el tesorero o gerente financiero se opone a estas medidas, presta atención a sus cuestionamientos y explícale la razón de estos procedimientos. Si ello no es suficiente para resolver sus cuestionamientos, el tema es demasiado crítico como para dejarlo a un lado, lo cual es probable que tengas que remplazar a esta persona. Quizá tengas que armarte de valor para tomar esta decisión, pero es mejor hacerlo ahora que tener que encarar con las posibles consecuencias de algún desfalco de dinero más adelante y luego intentar restaurar la confianza perdida.

Una esmerada elaboración de un *presupuesto*, la asignación adecuada de recursos y la constante supervisión de ingresos y gastos jugarán un papel vital en la organización. La meta consiste en que la misión debe dar forma al presupuesto, en vez de que el presupuesto determine la misión, como sucede tan a menudo. Existe el peligro de que esta pregunta tome la dirección de la organización: «¿qué es lo que está a nuestro alcance económico?» en vez de preguntarse: «¿qué es lo que el Señor quiere que hagamos?» Sería bueno recordar aquellas palabras de Hudson Taylor, misionero en la China: «la obra de Dios que se haga según la voluntad de Dios, jamás le faltará los recursos de Dios», y lo podremos hacer si tenemos en orden una administración adecuada y un sentido de dependencia en Dios para que nos provea lo que necesitamos.

Para que el consejo administrativo pueda cumplir con sus responsabilidades, se deberá presentar un *informe económico* cada vez que se reúnan y su formato deberá ser fácil de entender, incluso por aquellos que no tienen conocimientos contables. Se requerirán dos clases de informes. El primero de ellos será *la hoja de balance*, que normalmente contiene una lista anual de todos los activos y pasivos. Esta mostrará lo que *se tiene*, lo cual podrá incluir edificios, equipos, inversiones, dinero en efectivo, dinero de parte de deudores y demás; y lo que *se debe*, como los préstamos de acreedores. Una hoja de balance bien elaborada debe mostrar una mayor cantidad de lo que se tiene de lo que se debe, y suficiente capital que podría liquidarse de ser necesario. Así que, la hoja de balance nos ofrece una instantánea de toda la salud financiera de la organización. En algunos casos, pueda que refleje muy poco, especialmente cuando no se posea edificios. En otros casos, quizá muestre grandes cantidades que se hayan acumulado a lo largo de muchos años. Nuestra responsabilidad consiste en saber administrar lo que Dios nos ha confiado.

El segundo informe es el *estado de pérdidas y ganancias*. Se trata de la principal herramienta de toda gestión financiera y facilita el trabajo de los líderes para que planifiquen por adelantado y hagan los ajustes necesarios. Prefiero usar un estado de pérdidas y ganancias que se resuma en una sola página con el fin de ver todas las cifras juntas, siguiendo el formato que ofrecemos en la tabla 5.1.

Con este formato, los miembros del consejo tan solo tendrán que recurrir a una simple suma y resta para sentirse satisfechos con la información de las finanzas. La segunda columna es la más útil respecto a la gestión administrativa porque muestra si es que el año terminará en déficit o superávit si sigue la tendencia actual. Muestra cualquier cambio importante que haya sucedido desde que se aprobara el presupuesto (si bien no es una enmienda del presupuesto y los cambios deben ser gestionables), y ofrece una proyección más exacta de los ingresos y gastos principales. Esta revisión del pronóstico muestra si las cifras están por encima o debajo de lo que se anticipaba en la línea presupuestaria. Esto permite que el consejo ore por la situación y tome medidas para recaudar fondos adicionales o haga recortes para evitar el déficit, excepto si tiene buenas razones para no hacerlo. La columna de comentarios añade información muy interesante a las cifras a secas como, por ejemplo, «se recibió dinero de una herencia» o «se requiere urgente reparación de la calefacción». Cuando el calendario fiscal esté por terminar, será la columna del medio la que ofrezca la base para el presupuesto del próximo año, una vez que se hayan incorporado las prioridades de gastos que exige el plan estratégico. Descubrimos que este método es muy útil para St. Helen y Trinity School for Ministry, y usamos algo parecido en Wycliffe Hall.

Tabla 5.1

	En lo que va del año	Revisión del pronóstico	Presupuesto del año	Comentarios
Ingresos				
1ª cifra mayor	60,225	120,100	130,100	
2ª cifra mayor	25,318	55,250	45,250	
3ª cifra mayor	4,005	10,010	9,215	
…				
Ingresos totales	**89,548**	**185,360**	**184,565**	
Gastos				
1er gasto mayor	80,215	160,315	170,195	
2º gasto mayor	8,010	15,220	10,215	
3er gasto mayor	4,128	6,058	4,155	
…				
Gastos totales	**92,353**	**181,593**	**184,565**	
superávit/(déficit) neto	(2,805)	3,767	0	

Habrá momentos en los que se necesitará implementar un estricto plan de ahorros, especialmente durante épocas de *recesión económica*. Tuvimos que reducir el presupuesto un 20 por ciento durante dos años en Trinity School for Ministry luego de una caída en nuestras finanzas, lo cual fue una decisión muy dolorosa. Nos vimos obligados a eliminar ciertos puestos de trabajo. Esta clase de decisiones será inevitable si es que se desea preservar la organización durante muchos años.

En aquellas situaciones donde se atraviese *un período de grandes cambios*, será recomendable desarrollar un estado de pérdidas y ganancias que refleje más de un año. Por ejemplo, el informe podría extenderse a tres, cinco o más años añadiendo cálculos razonables respecto a la inflación y demás imprevistos. Cuando St. Helen estaba a punto de reiniciar la iglesia de St. Francis y su casa parroquial, pudimos anticipar algunos gastos mayores y prever nuevas fuentes de ingresos mayores una vez que estuviéramos en la capacidad de arrendar habitaciones. Estos ingresos se extenderían más allá del año y al tener a mano un informe de ingresos de cinco años, pudimos ver que en los siguientes años tendríamos una nueva y más estable situación económica. Los déficits que se anticipen durante los primeros años serán compensados por el superávit de los siguientes años. Así que, cuando el arcediano Malcolm Colmer nos preguntó que cuánto dinero podíamos invertir en desarrollar el proyecto de St. Francis, le pudimos demostrar que habíamos hecho nuestra tarea y que realmente necesitábamos ayuda económica.

Hay otro elemento clave de la gestión administrativa, *el flujo de caja*, el cual consiste en asegurarse de que haya suficiente dinero para pagar las cuentas que se deben. Esto por lo general lo administra el tesorero o el gerente financiero y en muy raras ocasiones se informa a los demás líderes, excepto si existe la preocupación de que no se puedan pagar las cuentas. Bajo estas circunstancias, será importante tomar medidas que aseguren que la organización pague sus deudas a tiempo.

Para muchos líderes, los asuntos de las finanzas se tornan una causa de preocupación e incluso a veces generan ataques de *ansiedad*, por lo general en medio de la noche. Tuve muchos momentos difíciles cuando dirigía Trinity School for Ministry, especialmente durante mis primeros tres años. Uno de los retos más duros fue tener que encarar una ansiedad financiera cuando el dinero parecía no venir y anticipábamos un gran déficit. ¿Cómo haríamos para pagar los salarios de todos y cumplir las demás obligaciones? ¿Qué consecuencias habría para la reputación de la institución y nuestro testimonio al mundo? Compartí estas preocupaciones con los demás, oramos juntos y Dios nos ayudó, no sin antes darnos cuenta de que si nuestras oraciones no hubieran sido respondidas, habríamos estado en grandes aprietos.

Podría ser muy tentador evitar asumir ciertos retos por temor a las consecuencias económicas. Por ello, se debe sopesar con mucho cuidado el costo de cualquier proyecto. Jesús nos advirtió contra edificar una torre sin primero calcular el costo de esta (Lc 14.28).

No queremos llevar a ninguna organización al desastre económico. Pero todo líder debe estar dispuesto a *tomar los riesgos que convengan*. Cuando tengamos la certeza de que Dios nos llama a cumplir algo, es vital que lo hagamos. Debemos buscar primero el reino de Dios (Mt 6.33). Esta es la razón por la que el discernimiento espiritual es tan importante para el liderazgo cristiano y que a menudo proviene de parte de los principales líderes junto con el consejo de otros, incluyendo el consejo administrativo.

Así que hemos considerado brevemente la manera en que los líderes gestionan el personal y el dinero. La siguiente pregunta abordará la manera en que los líderes pueden gestionar su tiempo eficientemente.

Gestionar el tiempo

Algunos líderes descubren que su tiempo ha sido absorbido por compromisos de los que tienen muy poco control. Por ejemplo, en contextos rurales en la India, la gente se acerca a consultar con su líder sin solicitar cita. Sin embargo, queremos aprovechar al máximo nuestro tiempo del cual sí tenemos el control. Saber gestionar bien nuestro tiempo significa que debemos aprovechar bien la jornada laboral, determinando qué es lo que necesitamos hacer en el día y qué es lo que podemos postergar para más adelante en la semana o en otra ocasión. He descubierto que me es útil revisar la lista de cosas pendientes al final de la semana y escribirlas en una lista de «asuntos por hacer» o sencillamente recolectar documentos y carpetas que requieran atención en un organizador que lleve el rótulo «por revisar», colocando los más urgentes encima. De esta manera, al llegar a mi oficina el lunes en la mañana, puedo empezar revisando los asuntos que requiera urgente atención. Cuando me tengo que reunir con otras personas, trato de invertir unos minutos preparando notas para la reunión, de esta manera sabré exactamente los asuntos a tratar en vez de intentar recordarlos en el momento. Con ello evito el estrés y reduzco las veces en que he causado frustración a los demás al olvidarme de algún asunto importante. También asigno cierto tiempo en el calendario para tareas importantes que, aunque no sean urgentes, sé que contribuirán a mejorar la iglesia u organización. Quizá se trate de grandes proyectos como el desarrollo de un plan estratégico o prepararse para un viaje misionero, los cuales requerirán que se analicen paso a paso. Será de mucha ayuda establecer fechas para cada uno de estos pasos o, por lo menos, para el primero de ellos, con el fin de determinar qué más se requiere. Los asuntos que no sean urgentes ni importantes deberán dejarse a un lado, por los menos por el momento.

Dar prioridad a lo más necesario quizá signifique que tendrás que dedicar menos tiempo a lo que más disfrutas, lo cual, como hemos visto, es uno de los sacrificios que todo líder debe saber hacer. A veces la presión de muchas cosas urgentes significa que no podrás hacerlas tan bien como sabes cumplirlas si tuvieses más tiempo disponible, y esto también deberás aceptarlo, por lo menos por un tiempo. Se trata de otro aspecto del autocontrol y el precio que todo líder debe saber pagar. Pero es importante no dejarse abrumar por todo lo que se necesita hacer y que te motives a ti mismo por lo que haces, por eso se debe buscar un equilibrio adecuado.

De vez en cuando puede ser muy útil descubrir la manera en que realmente aprovechas de tu tiempo recurriendo a un *historial de tiempo*, con divisiones de media hora, con el fin de ver cómo usas tu tiempo y evaluar si su uso encaja con tus prioridades. En St. Helen, descubrí la utilidad de tener una lista de asuntos «para más tarde», ya que esto me permitió mantener un registro de asuntos que en aquel momento no podía atender pero que en el futuro me gustaría hacerlo. Me ayudó mucho cuando se me presionó para que mandara instalar una nueva tubería de agua caliente para uno de los baños, a lo que pude responder: «Tengo constancia de ello y espero resolverlo pronto, pero por el momento no puedo atender este asunto».

Cuando logres establecer un plan estratégico, junto con metas que todos han acordado para el año en curso, te será de ayuda para que *establezcas prioridades* entre todos los asuntos que demandan tu atención. Con ello tendrás la esperanza de poder ver que tu propósito se cumpla y se lleve a cabo la visión y así podrás hacer todo lo necesario para alcanzar estos objetivos. Una de las maneras de frenar las exigencias de parte de los correos electrónicos y demás correspondencia, los cuales nos presionan constantemente y exprimen nuestro tiempo libre, es dedicarle tiempo dos veces al día, quizá lo primero que hagamos en la mañana y luego después del almuerzo, manteniendo nuestras respuestas lo más breve posible, evitando ser cortantes. El tiempo de los líderes debe protegerse para que dé fruto a largo plazo, asegurándose de que se les deje solos para cumplir lo que solo ellos saber hacer debido al cargo que ocupan y, en lo posible, delegando responsabilidades a los demás.

Otra herramienta útil para gestionar el tiempo es aquella en donde se logra visualizar *el orden de una semana típica*, como la que se muestra de mi tiempo en la iglesia de St. Helen en la tabla 5.2 en la página siguiente. En ella «admin» incluye las tareas administrativas o el papeleo, los correos electrónicos, preparación para las reuniones y el desarrollo de cursos, así que se usa en un sentido bastante amplio. Trato de tomar una hora y media para el almuerzo y media hora para los dos recesos para el café, uno en la mañana y otro en la tarde, aunque no siempre es posible ceñirme a estos horarios. Tengo asignado las oraciones de la mañana entre 8:45-9:00 a.m. y las de la tarde entre 5:00-5:15 p.m., de lunes a viernes. También se incluye el tiempo con la familia de 5:30 p.m. a 8:00 p.m., dado que en Londres las reuniones de la noche tienden a empezar a las 8:00 p.m., y de esta manera dedico tiempo para estar en la cena con la familia y con los hijos en su hora del baño y de irse a dormir. También tengo la costumbre, si el tiempo lo permite, de apartar un día al mes para pasar tiempo a solas con el fin de despejar la mente y escuchar la voz de Dios, y asistir a un taller en King's College, en Londres.

Fue muy importante para mí reconocer lo valioso de estos hábitos y mantener con cuidado pero con firmeza límites para el beneficio de todos. También descubrí que no debía llenar mi agenda hasta el máximo, con el fin de dar espacio a situaciones pastorales inesperadas. Otros líderes tendrán un horario que se ve muy distinto al mío, en particular porque es habitual que los líderes se tomen el sábado como día libre. En mi caso, me fue posible hacer esto porque en St. Helen casi no se celebraban bodas, no más de una al año. Sin embargo, sea cual sea el horario habitual, será muy útil tener cierto orden para la semana de trabajo.

Tabla 5.2

	mañanas	tardes	noches
domingo	cultos	empezar la preparación del sermón; visitas a hospitales	admin (poner en orden los documentos para la próxima semana)
lunes	admin	admin y visitas	equipo que planifica los cultos o el equipo administrativo
martes	reunión con el personal	visitas o reuniones	reunión (o pasarlo al jueves)
miércoles	escribir el sermón	visitas o reuniones	reunión o clases en casa (para que Cathy pueda asistir a otro grupo en casa)
jueves	admin	visitas o reuniones	en casa (o reunión si no fue el martes)
viernes	estudiar	estudiar	libre
sábado	libre	libre	ensayar el sermón

Cuando la iglesia u organización empieza a crecer, uno descubre rápidamente que se necesita apoyo administrativo con el fin de que aquellos que poseen dones para administrar puedan llevarlos a la práctica y así la organización pueda funcionar de una manera eficiente. Entonces, los líderes podrán concentrarse en las tareas a las que han sido llamados y para las que tienen los dones adecuados. Cuando no se tiene el apoyo administrativo necesario, lo que sucede es que los líderes dedicarán tiempo a tareas para las que no tienen las habilidades adecuadas o tendrán que intervenir en situaciones cuando no se hacen las cosas o donde las personas han sido afectadas como consecuencia de estas situaciones. Por ello, si es que el presupuesto lo permite, recomiendo altamente que se contrate apoyo administrativo, incluso si es de jornada parcial.

Gestionar el calendario de la iglesia u organización

Los líderes deben saber gestionar bien no solo su propio tiempo, sino que también el tiempo de la iglesia u organización. Cuando tuvimos que gestionar el calendario de St. Helen, logramos hacer algo al respecto gracias a lo que había aprendido en St. John de Hyde Park: tener un patrón para el año (ver la tabla 5.3). Esto nos permitió dedicar períodos de tiempo a concentrarnos a distintos aspectos del ministerio de la iglesia, lo cual algunos expertos en iglecrecimiento denominan «llamar» (evangelismo), «entrenar» (discipulado) y «enviar» (misión).

Tabla 5.3

Énfasis	Tema del sermón	Tema de la enseñanza
Inicios de septiembre: fin de semana evangelístico y misión a los niños		
Llamar	Introductorio y evangelístico	Curso Alfa, introducción a la fe cristiana
Navidad		
Entrenar	Discipulado	Clases para nuevos miembros Identificación de dones Noches de Cuaresma Campaña de ofrendas para recaudar fondos
Pascua		
Enviar	Misión al mundo	Clases para la confirmación Curso «cómo compartir tu fe» Actividad para las misiones mundiales Semana de las obras cristianas
julio: confirmación o celebración o festival		

El calendario del colegio influenció fuertemente al calendario de la iglesia, dado que las personas recién llegadas tendían a incorporarse en septiembre y empezábamos el ciclo anual con un énfasis en *evangelismo*. Al inicio del año escolar teníamos un evento misionero por medio del club de la Biblia para niños y que concluía con un culto en aquel domingo. Involucrábamos en el culto a los niños que habían participado en el club de la Biblia e incluía algunos testimonios de parte de los que habían sido confirmados el anterior mes de julio. Luego, empezaríamos con el Curso Alfa o algún otro curso introductorio al cristianismo para los que deseaban saber más, y a partir de allí quizá se podría empezar nuevos grupos en casa.

Los sermones de aquellos meses estaban dirigidos principalmente a gente que estaban interesada en el cristianismo y los recién llegados a la fe, y por ello ofrecía cada mes una invitación a entregarse a Jesucristo, así como también en los cultos de la Navidad. Ello podría incluir un llamado para que la gente pase al frente para orar, arrodillarse delante de una cruz o participar en una oración de arrepentimiento, y luego se reuniría conmigo para recibir información adicional. En tiempos más recientes, a menudo he invitado a la gente para que tome una decisión o renueve su entrega colocándose la mano en el pecho cuando pasan adelante a celebrar la comunión o cuando se dirigen a espacios asignados para orar. En aquellos espacios alguien orará junto a ellos: «que el Señor te permita conocer el perdón de tus pecados, te llene con el Espíritu Santo y así puedas seguir fielmente a Jesús todos los días de tu vida». Con esto se logra que el llamado a una entrega se vuelva parte normal de la vida de la iglesia, lo cual ha demostrado ser muy útil para muchos.

En el año nuevo, nos concentraríamos en el *discipulado*, no solo para aquellos que son nuevos en la fe sino también para todos los niveles de madurez espiritual. Durante este tiempo, ofrecimos una clase para nuevos miembros, que incluía una breve historia de la iglesia, la visión y el propósito y sugerencias respecto a cómo involucrarse más en la vida de la iglesia. También ofrecimos un taller para descubrir los dones basado en un curso de la iglesia Willow Creek con el fin de ayudar a la gente a que descubra las mejore formas de servir en la iglesia y en el mundo. Tuvimos clases los miércoles en la noche durante la Cuaresma en torno a la vida cristiana y también promovimos nuestra campaña anual para recaudar fondos porque la consideramos parte vital del discipulado.

Luego de la Pascua, nos concentramos en la *misión mundial*, dando especial atención a este tema en la predicación, y ofrecimos talleres en la noche en torno a cómo compartir la fe, apoyar las obras sociales y también tuvimos eventos con otras entidades misioneras cada vez que nos fuese posible. El año llegaba a su punto culminante con el culto anual de confirmación. En el caso de aquellas denominaciones que no tienen cultos de confirmación, se pueden sustituir por un día de celebración, quizá invitando a algún orador o predicador, incluyendo bautismos y testimonios. Las clases de preparación para la confirmación de jóvenes y adultos en St. Helen tenía la tendencia a ser el evento principal donde la gente llegaba a la fe en Cristo. Hacia el final del curso, los candidatos debían llenar un formulario que ofrecía detalles para el certificado de confirmación, el cual incluían la declaración: «quiero ser confirmado porque…». Había una casilla debajo con la que se autorizaba a compartir lo escrito en el culto, ya que las congregaciones quieren saber aquella información y porque era una especie de testimonio. Luego, en el ensayo para la confirmación, invitaba a la gente a que leyera en voz alta lo que había escrito. Sucedía con frecuencia que una vez que la persona autorizaba que se leyera su confirmación, los demás hacían lo mismo, lo cual convertía al culto en un maravilloso tiempo de testimonios.

La fecha del culto de confirmación se asignaba al mes de julio con el fin de que encajara con el final del año escolar y luego de este celebrábamos una fiesta con carne asada, música en vivo y juegos para los niños, con el fin de tener un día para el recuerdo. Este evento quizá sea un buen tiempo para que la iglesia u organización celebre un festival.

El calendario del año significó que, pese a ser una congregación relativamente pequeña, pudimos realizar muchas cosas distintas sin tener que hacerlas todas de una sola vez. Una vez más, este patrón de actividades quizá no encaje en todas las situaciones, pero el hecho de tener un patrón a seguir vale la pena recomendarlo a cualquier iglesia u organización, si es que no se tiene uno.

Conclusión

Hacer planes y llevarlos a cabo, debe ser visto como una gestión en donde se administran los recursos de Dios con el fin de hacer una realidad la visión de Dios para la iglesia. Es donde la mayoría de los líderes invierten la mayor parte de su tiempo. Es la labor que los líderes cumplen día a día. Cumplir todas estas obligaciones de una manera adecuada exige de nuestro esfuerzo y tiempo y se requiere mucho criterio para mantener las cosas lo más simple posible. Incluso las tareas sencillas tienden a acumularse, pero por lo general vale la pena hacerlas. Si hay algo que no es necesario llevar a cabo, será mejor no hacerlo, con el fin de invertir nuestras energías en asuntos más importantes. Llevar a cabo planes como el que hemos descrito está lleno de retos y oportunidades y, a veces, de desilusiones, pero nos causa muchas alegrías. Se trata en realidad de tomar pasos prácticos llevando al pueblo de Dios a la misión que nos ha delegado, en la dirección del Hijo de Dios y en el poder del Espíritu Santo, lo cual es verdaderamente un privilegio.

Ejercicios adicionales

¿Cómo crees que podrías superarte como líder cuando hagas y lleves a cabo planes?

1. ¿Qué habilidades crees que debes desarrollar con el fin de llegar a ser un buen gestor de la gente?
    Por ejemplo:
    (a) Delegar
    (b) Contratar personal y, cuando se requiera, despedirlo.
    (c) Realizar evaluaciones anuales, incluyendo metas a realizar durante el año
    (d) Entrenar, incluyendo ofrecer felicitaciones o llamadas de atención
    (e) Negociar
    (f) Resolver conflictos
    (g) Tomar decisiones y resolver problemas
    (h) Comprender la dinámica de grupos
    (i) Presidir reuniones
    (j) Gestionar cambios
    (k) Gestionar las comunicaciones
    (l) Gestionar los medios sociales
    (m) Crear planes estratégicos
    (n) Llevar a cabo un plan estratégico
2. ¿Qué habilidades crees que necesitas desarrollar con el fin de llegar a ser un buen gestor del dinero?
    Por ejemplo:
    (a) Recaudar fondos
    (b) Hacer presupuestos
    (c) Gestionar las finanzas

3. ¿Qué habilidades crees que necesitas desarrollar con el fin de llegar a ser un buen gestor del tiempo?
    (a) Gestionar tu tiempo personal
    (b) Gestionar el calendario anual
    (c) Gestionar los proyectos y eventos

La fase de transición

La quinta fase del liderazgo es la de la transición. Llegará el momento cuando el líder se traslade a otro trabajo o se jubile. Esperemos que todo aquel esfuerzo por ganarse la confianza de la gente, desarrollar líderes, discernir la visión y llevar a cabo planes haya marcado la diferencia en la iglesia u organización donde haya servido el líder, pero ahora ha llegado el momento en que otro tome su lugar. Dado que el papel que juega un líder, en especial aquel que ocupa un cargo superior, es vital para la organización, es importante que la transición se maneje de una manera adecuada. Nadie quisiera ver que todo lo que logró a lo largo de los años se destruya. Más bien, debemos preparar todo para que el siguiente líder lleve a la iglesia u organización hacia el siguiente capítulo de su vida.

Lograr una transición satisfactoria es algo difícil. Se puede tener la tentación de salir demasiado pronto, quizá por causa de los desalientos que se sufren durante el período inicial cuando los líderes intentan ganarse la confianza de la gente. También se puede tener la tentación de salir demasiado tarde, quizá porque no se quiere volver a empezar de nuevo en el siguiente trabajo. Luego también se tiene el asunto de saber cuándo exactamente se puede salir satisfactoriamente, incluso si se hace en el momento correcto y por las razones correctas. ¿Cuándo es el momento apropiado para decirle a alguien que estás pensando irte? ¿Cómo debes anunciarlo una vez que hayas tomado la decisión de irte? ¿Qué mecanismo se debe tener a mano para ayudar a la iglesia u organización a atravesar esta transición? ¿Cómo se debe aprovechar este momento para edificar en vez de destruir? Dado que todas estas interrogantes son complejas, valdría la pena pensar en ellas con anticipación y con oración estar listos a solicitar la opinión de los que nos conocen y saben también nuestros lugares donde servimos, si es que creemos que estamos listos para un cambio.

La transición: un caso práctico

Estuve a punto de dejar la iglesia de St. Helen un año antes de tiempo. Se me pidió que sirviera por lo menos cuatro años, así que cuando experimenté dos reveses en mi quinto año, esto es, el colapso de nuestro plan inicial para reabrir la iglesia de St. Francis y la preocupación en torno a la educación de nuestras hijas, pensé que mi tiempo en aquella iglesia había llegado a su fin. También tuve la ayuda de Ian Dowsett durante un año más, el cual podría cubrir mi ausencia mientras se buscase mi remplazo. Así que le escribí al obispo Michael y le sugerí que era el tiempo para salir, a lo cual me aconsejó que debía quedarme un poco más de tiempo. Me alegra mucho que me haya aconsejado de esta manera. Porque en aquel siguiente año muchas cosas maravillosas sucedieron: se reinició el proyecto de St. Francis, pudimos inaugurar el remodelado salón de la iglesia y los dos líderes de niños empezaron su labor. Habría sido terriblemente triste si me hubiese marchado al quinto año y no hubiese visto las oraciones contestadas en el sexto año.

Mis colegas de Trinity School for Ministry, el consejo administrativo y personas fuera de la institución me animaron a que continuara mi labor. Ello jugó un papel importante cuando tuve que determinar si estaba yo haciendo lo que Dios quería que hiciera. Cuando creía que mi tiempo en aquella institución estaba llegando a su fin, las palabras del obispo tanzano, Alpha Mohamed, tuvieron un gran impacto en mí: «quédate más tiempo, quédate más tiempo, quédate más tiempo». Vuelvo a decir que me alegra que me haya quedado. Durante los siguientes años logramos empezar un programa de posgrado (maestría) en línea, publicamos materiales de educación y dimos por terminado una campaña de recaudación de fondos destinado a un centro y estudio de medios de comunicación, becas para estudiantes, fondos destinados a sabáticos para investigadores internacionales y un programa de diplomado para pastores hispanos. Todo esto fue un gran aliento para nosotros y logró fortalecer la labor de Trinity School for Ministry.

La decisión de dejar Trinity empezó cuando estábamos por terminar la campaña de recaudación de fondos y cuando Cathy y yo habíamos empezado a orar para descubrir cuándo debíamos retornar a Inglaterra. El momento de mudarnos parecía propicio para la educación de una de nuestras hijas, pero no para la otra. ¿Cómo podríamos solucionar esto? Un día, inesperadamente, nuestra hija mayor nos dijo que quería estudiar en una universidad de Inglaterra. Luego, nuestra hija menor empezó a decirnos que quería terminar la secundaria en Inglaterra y también ir a la universidad allá. Entonces, Cathy y yo empezamos a pensar y nos preguntábamos si era el tiempo adecuado para mudarnos. Nuestros consejeros en los Estados Unidos y el Reino Unido nos decían que quizá era el tiempo adecuado para hacerlo. Durante estas conversaciones aprendí que el obispo Alf Stanway solía decir que un líder debe salir cuando las cosas hayan alcanzado su punto más alto y marchan bien. Me ayudó mucho haber escuchado este consejo. También llegué al convencimiento de que sería un momento oportuno para que un nuevo líder tome la dirección de Trinity School for Ministry y lo conduzca a su siguiente etapa.

A lo largo de los años, he tenido muchas conversaciones con líderes cristianos en las que he descubierto que no es inusual que los líderes busquen un cambio luego de tres a cinco años. Incluso supe de una iglesia en los Estados Unidos que no ha podido retener un líder por más de cinco años, si bien la propia iglesia tiene muchas décadas de existencia. Este dato me lo contó el propio líder que estuvo en aquella iglesia y que además la congregación estaba convencida que él repetiría el mismo patrón de marcharse entre tres a cinco años, lo cual él les aseguró que jamás lo haría. Me reuní con aquel líder unos años más tarde y me alegra decir que él pudo romper ese patrón. Por lo general, es una mala idea que el líder principal piense irse demasiado pronto. Aquellos primeros años por lo general suponen batallas para establecer el puesto de liderazgo entre aquellos que retarán tu autoridad. Si te marchas demasiado pronto, tendrás que repetir aquellas mismas batallas en la siguiente iglesia u organización y podrías quedarte estancado por muchos años en esa difícil fase de intentar ganarte la confianza de la gente. Corres el peligro de perderte aquellos fructíferos años de ministerio que vienen después.

Mientras más tiempo te quedes, la congregación te verá con más claridad como su líder. También conviene que la congregación u organización no se encuentre en transición con tanta frecuencia y tener que ajustarse a otro líder. Así que, excepto que te hayas convertido en un serio problema para la congregación u organización o que los retos que se vienen por delante realmente requieran otra clase de líder, por lo general es recomendable que permanezcas en tu cargo y sigas adelante, a pesar de tus sentimientos de inquietud.

La transición: los ingredientes

La Biblia contiene muchos ejemplos de gente que atraviesa un período de transición en sus vidas de líderes, ya sea por razones positivas o no. Recordemos a Moisés, quien dirigiera al pueblo de Dios por un sorprendente viaje de fe y que abruptamente se detuvo cuando desobedeció a Dios al golpear la roca en vez de mandarla que diera agua (Nm 20.1-12). Por causa de esta desobediencia, no se le permitió entrar en la tierra prometida a la que había llevado a los israelitas. Aquella tarea fue confiada a su ayudante Josué. Más adelante, el rey Saúl no cumplió con el juicio de Dios contra los amalecitas e intentó esconder lo que había hecho del profeta Samuel. Como resultado de ello, Dios lo rechazó como rey y en su lugar mandó a Samuel a que ungiera a David como rey (1S 15–16).

Como un caso más positivo en Juan 14–17, tenemos el ejemplo de Jesús cuando preparaba a sus discípulos para su inminente muerte, resurrección y ascensión al cielo. Les explicó más acerca de sí mismo, del papel que cumpliría el Espíritu Santo, de los retos que estaban por venir y de lo que debían hacer como líderes de la iglesia. El apóstol Pablo también preparó a las iglesias cuando muriera, escribiéndoles instrucciones acerca de la labor que debían cumplir, en especial para sus líderes como Timoteo, el cual ahora tendría que vérselas sin su maestro Pablo (2Ti).

Saber discernir cuándo marcharse

En algunos contextos, la decisión de marcharse yace en otra persona, la cual quizá se tenga la costumbre de remplazar líderes luego de cierto tiempo. Sin embargo, si la decisión yace en ti, entonces debes saber discernir cuándo marcharte. El líder no debe ver esto como darse por vencido o rendirse sino como darse cuenta de que la labor en aquel lugar ha terminado. No hay una fórmula mágica para todos los casos. La investigación que el cristiano Bob Jackson, experto en estadísticas, hiciera en su libro *Hope for the Church*, nos sugiere que los líderes de iglesias alcanzan su mayor efectividad entre su séptimo y decimotercer año de ministerio.[1] Pero ello sirve solo para demostrar lo que típicamente sucede. Hay muchos maravillosos ejemplos de líderes que sirvieron por treinta o más años y alcanzaron grandes resultados. Supieron mantenerse frescos y comprometidos con la obra, haciendo ajustes necesarios en su estilo de liderazgo a lo largo de su ministerio.

Si te es posible *quedarte y servir bien* como líder en un solo lugar, lograrás tener un enorme impacto y aprovecharás bien las relaciones con las que te ganaste la confianza y con los demás líderes que lograste desarrollar. También significa que aprovecharás al máximo la visión que discerniste y los planes que lograste llevar a cabo. Esto quizá signifique que tendrás que soportar muchas tormentas y rechazar otras opciones más emocionantes pero, como decía John Guest, «en el liderazgo hay un precio que pagar si quieres hacer algo importante».[2] Hay mucho que decir si es que uno quiere ser líder a largo plazo, en vez de usarlo como un paso para algo distinto. Todo líder debe saber perseverar.

Los líderes deben desarrollar *resiliencia*, con el fin de mantener el rumbo y no rendirse demasiado pronto, antes de cumplir la tarea. ¿Cómo se debe hacer frente a las desilusiones, las críticas y los reveses que surjan en el camino? Tal como Henry y Richard Blackaby han señalado: «que se nos critique, cuestione y se ponga en duda nuestras intenciones son experiencias desagradables e inevitables del liderazgo».[3] Se ha investigado el asunto en torno a cómo poder soportar todos estos retos. Y los principales hallazgos proponen que los líderes deben reaccionar frente a estos retos manteniendo las cosas en perspectiva en vez de imaginarse lo peor, esforzándose por hacer todo lo que está a su alcance para mejorar la situación en vez de buscar culpables y también

---

[1] Bob Jackson, *Hope for the Church: Contemporary Strategies for Growth* (Londres: Church House, 2002), 160.

[2] Esta cita proviene de una conversación que tuve con John Guest.

[3] Henry y Richard Blackaby, *Spiritual Leadership*, ed. rev. (Nashville: Broadman & Holman, 2011), 331.

recuperar el ánimo por medio de redes de apoyo en vez de aislarse.[4] Cuando encaré aquella semana descorazonadora en la iglesia de St. Helen, tuve que enfrentarme al hecho de que estábamos frente a un déficit de dos tercios de nuestro presupuesto anual y me tomó varias semanas recuperarme emocionalmente de ello. Lo que más me ayudó en aquel momento fue la red de apoyo. Además, estuve orando mucho y me recordé a mí mismo que debía depositar toda mi ansiedad en el Señor (1P 5.7).

Ajith Fernando, quien fue el director nacional de Juventud para Cristo en Sri Lanka durante treinta y cinco años, señala el alto costo del llamado al liderazgo cristiano:

> Dios nos ha llamado a cada uno de nosotros para que sirvamos en distintos lugares y no hay tal cosa como una situación fácil para el discípulo de Cristo. Pero pienso que es muy triste ver la gran cantidad de cristianos que se marchan de situaciones donde hay un obvio conflicto y adversidad. Los cristianos son personas que tienen la capacidad de permanecer en aquellas situaciones porque no tienen temor a gemir internamente. Es parte de nuestra teología. Dado que gemimos anticipando con gozo nuestra redención es que estamos dispuestos a vivir con frustración cuando nuestro llamado incluye la adversidad.[5]

Dejar un cargo porque se quiere evitar el dolor es muy poco probable que sea una buena razón. Debemos permanecer en el lugar donde Dios nos ha llamado a estar y buscar los recursos necesarios para quedarnos hasta que se cumpla el tiempo de marcharnos a otro lugar.

Por otro lado, existe la posibilidad que uno *permanezca demasiado tiempo*. Quizá llegue el momento cuando uno ha dejado de ser el líder adecuado para una iglesia u organización. Ese parece haber sido el caso del rey Ezequías, a quien se le felicitó por su gobierno justo durante sus primeros catorce años (2R 18.5-6). Sin embargo, cuando Dios le otorgó unos quince años adicionales luego de haberle sanado de una

---

4 Martin E. P. Seligman, "Building Resilience," en Harvard Business Review, *HBR's 10 Must Reads on Mental Toughness* (Boston: Harvard Business Review Press, 2018), 32–35.

5 Ajith Fernando, *An Authentic Servant: The Marks of a Spiritual Leader*, 2da ed. (Leyland: 10publishing, 2007), 4.

enfermedad mortal, las cosas marcharon muy mal (2R 20). Algunos líderes están conscientes de que han perdido el entusiasmo por el ministerio o descubren que se ha vuelto una rutina. Esto también sea quizá la ocasión para un cambio de líder. El catedrático especializado en gestión administrativa, Edgar H. Schein, sugiere que las distintas etapas en la vida de una organización requieren de distintos estilos de liderazgo. En la etapa inicial y de creación, la organización necesitará un iniciador; en la etapa de construcción, se necesitará un constructor; en la etapa de mantenimiento, se necesitará un sustentador; y en la etapa de cambio o evolución, cuando se requiere una renovación, será necesario un líder que facilite el cambio.[6] Si en aquella etapa crucial no aparece un líder que cambie las cosas, se corre el peligro de entrar en la etapa de declive.[7] Estas etapas podrán estar a cargo de una sola persona, que tendrá que permanecer por muchos años, como el plantador de iglesia que desarrolla la iglesia a lo largo de muchos años o décadas y ofrece la clase de liderazgo que se requiere en cada etapa. Pero quizá se necesiten otros líderes. Si tu estilo de liderazgo ha dejado de satisfacer las necesidades de tu ministerio actual y no te es posible hacer ajustes respecto a lo que se requiere, entonces quizá sea el momento adecuado de buscar otro ministerio.

Sin embargo, en el caso de líderes cuyo estilo natural es empezar obras, no será necesario que cambien constantemente de ministerios. Les será posible seguir sirviendo en una iglesia durante muchos años y lo harán empezando nuevos ministerios donde se encuentran. Leith Anderson, presidente de la Asociación Nacional de Evangélicos (NAE por sus siglas en inglés) fue el pastor titular de la iglesia Wooddale en Eden Prairie, Minnesota, Estados Unidos, a lo largo de treinta y cuatro años. Se describió a sí mismo como un iniciador de obras, no un sustentador. Le fue posible quedarse muchos años en aquella iglesia

---

6   Edgar H. Schein, "Leadership and Organizational Culture," en Frances Hesselbein, Marshall Goldsmith y Richard Beckhard, eds., *The Leaders of the Future* (San Francisco: Jossey-Bass, 1996), 59–69.

7   Las investigaciones en el campo de la gestión administrativa muestran que el ciclo de vida de una organización toma a menudo la forma de una curva de campana, conocida como el ciclo de vida Adizes. Empieza con un crecimiento vertiginoso, alcanza su cúspide con la madurez, luego, a no ser que sus líderes efectúen cambios, entra en un estado de constante declive hasta su final. Por lo general, la duración de este proceso es de aproximadamente unos cuarenta años.

gracias a que iniciaba algo nuevo cada año y desarrollaba líderes que pudieran sostener aquellos nuevos ministerios. Este ejemplo podría sugerir ideas a otros iniciadores.

Un obispo estadounidense que visitó Trinity School for Ministry dijo que luego de siete años como líder de una iglesia en particular, le solía preguntar a su equipo de líderes cada año lo siguiente: «¿Sigo siendo la persona adecuada para dirigir esta iglesia? ¿Poseo las habilidades que se requieren para este cargo? ¿Ayudo a la iglesia para que prosiga adelante o ha llegado el tiempo para que otro tome mi lugar?» Todas estas preguntas son muy útiles y es una gran ventaja tener a tu lado gente que con honestidad pueda darte sus respuestas con el fin de discernir cuándo será el momento de marcharte.

Existe la posibilidad de quedarte demasiado tiempo por temor a que no haya nadie que pueda tomar tu lugar, pero esto desestima la atención providencial de nuestro Padre celestial quien, como hemos visto a lo largo de la Escritura, le agrada formar líderes. Si esto te sucede a ti y dudas de tomar la decisión al cambio de ministerio, sería bueno recordar la investigación realizada por Howard Gardner, quien descubrió que «tarde o temprano, casi todos los líderes se sobreexceden y terminan socavando su propia razón de ser».[8] Y prosigue diciendo de una manera impactante: «de hecho, cuando los líderes alcanzan mayores logros, mayor presión imponen sobre su entorno; mientras más firme sea el logro, más fuertes reacciones generará y, en términos generales, solamente aquellos líderes eficaces que mueran a temprana edad evitarán presenciar aquel descorazonador panorama cuando sus ministerios entren en una crisis severa, si no en un colapso y desaparición total».[9] Cuando el Señor nos llame a un nuevo ministerio, debemos saber confiar que Dios proveerá el líder necesario para el cargo que estamos dejando, en vez de quedarnos en ese cargo por temor.

Otra posibilidad es que *recibas un llamado* aunque no busques uno. Entonces, será un asunto de orar y pedir buen consejo respecto a si ello encaja en la voluntad de Dios. Podría ser algo obvio, que no es el momento adecuado o el cargo correcto y sencillamente responderás que no. Por otro lado, podría ser un cargo que necesitas

---

[8] Citado en Blackaby, *Spiritual Leadership*, 343.
[9] Citado en Blackaby, 343.

investigarlo más a fondo. Si permites que tu nombre siga en la lista de posibles candidatos, mientras que al mismo tiempo les comunicas tus reservas, tendrás más tiempo para discernir si esta opción será la correcta para ti.

En caso de que tengas *familia*, una importante pieza de tu discernimiento respecto a este posible llamado será si es algo que tiene sentido para tu cónyuge y tus hijos. Es importante tener presente que debes tomar en serio las necesidades de tu familia y recordar que tu llamado es a tu familia primero y luego al ministerio. Una parte vital de toda transición es saber orar juntos como familia y buscar la voluntad de Dios, no solo con el fin de evaluar un posible llamado sino también para fortalecer tu matrimonio y la crianza de tus hijos. A veces la transición se dará cuando las necesidades de tu familia cambien. Si el Señor provee un nuevo llamado que suple estas necesidades, será un buen indicio que el momento ha llegado para que concluyas tu cargo actual.

Marcharse en buenos términos

Una vez que hayas determinado que es el momento adecuado para proceder con la transición a otro ministerio, será tiempo para hacer los preparativos. Un cambio de liderazgo siempre es un evento de gran importancia, dado que hay muchas cosas que dependen del líder. Por ello, hay que saber planificarlo bien. El primer paso será *comunicar a los responsables de elegir a tu sucesor*, si es posible proceder sin que aún se dé a conocer a la iglesia u organización. Esta persona podría ser un directivo de la denominación o el que preside el consejo directivo, quien iniciará los preparativos para tu remplazo, en lo ideal de unos seis a nueve meses por anticipado. A mí me fue posible realizar esto cuando estuve por dejar Trinity School for Ministry, con el fin de que se inicie con bastante anticipación la búsqueda de mi remplazo. Es necesario comunicar tu decisión a tus directivos superiores y es probable que te quieran convencer de que desistas de tu decisión, tal como el obispo Michael hizo conmigo. También vale la pena recordar que a los directivos no les gusta las sorpresas inesperadas y valoran que se les mantenga informados.

En algunas situaciones, será posible que tu opinión tenga peso en la elección de la persona que te sucederá. En ese caso, tendrás la ventaja de saber si el candidato encaja con la cultura y la visión de la iglesia u organización. Si logras identificar a aquel candidato y otros líderes comparten tu opinión, comprueba si la persona está de acuerdo en considerar el cargo y, de ser así, preséntala a los que tienen la autoridad de tomar la decisión final.[10] Si esta persona termina siendo la elegida para el cargo, los detalles de la transición aún quedarán por aclarar con mucho cuidado con el fin de que todos reciban la más clara información respecto a lo que sucederá y cuándo se llevará a cabo, y para que se reduzca la confusión. Sin embargo, si esto no es posible, aún podrás ofrecer tu ayuda a los encargados de elegir a tu sucesor. Podrás sugerirles lugares donde pueden buscar o nombres específicos de candidatos. El plan estratégico también podrá servirles de ayuda, dado que dispone de la visión, el propósito y los valores fundamentales de la iglesia u organización y se les podrá preguntar a los posibles candidatos qué piensan de estos documentos. Ello también facilitará que se acorte el tiempo para elegir al nuevo líder, lo cual permitirá que no se pierda el ímpetu de la organización.[11]

En segundo lugar, será recomendable que tengas un *equipo de transición*. Esto te permitirá trabajar con un buen nivel de energía hasta el final y facilitará la llegada de tu sucesor. En algunos casos, se tendrá un líder interino que tendrá a su cargo la iglesia u organización durante el período de búsqueda del siguiente líder. Quizá sea un miembro del personal o alguien externo para este propósito específico. Pero incluso en estos casos, será muy útil tener ya establecido un equipo de líderes para facilitar la transición. En St. Helen, esta función la ocupaba el equipo directivo de líderes y en Trinity fue el gabinete.

El equipo de transición desempeñará un importante papel en la revisión de la visión, el propósito y los valores fundamentales, al tiempo que diseñen un perfil para la iglesia u organización a la que el nuevo líder aspira llegar y la descripción de la clase de líder que están buscando. Esto debe recordarnos que es un tiempo no solo de sentir tristeza sino también una oportunidad para introspección

---

[10] Ver Ian Parkinson, *Enabling Succession* (Cambridge: Grove Books, 2017).

[11] Bob Jackson ha demostrado la cantidad de miembros que dejan sus iglesias durante un tiempo de transición sin pastor y recalca la urgencia de intentar elegir un sucesor en menos de seis meses. Bob Jackson, *The Road to Growth: Towards a Thriving Church* (Londres: Church House, 2005), 129.

y expectativa. Este equipo también jugará un papel importante en la supervisión de la organización durante este tiempo de transición. Por ejemplo, algunos estarán dispuestos a ocupar cargos de liderazgo en los que anteriormente no sintieron predisposición alguna. De hecho, esto fue lo que sucedió antes de que yo llegara a St. Helen y sus resultados fueron muy positivos. Sin embargo, el equipo de líderes debe recordar que, en estas circunstancias, no todos los voluntarios poseen el conocimiento, las destrezas y el carácter que se requiere de un líder, por ello se debe evaluar estos ofrecimientos antes de aceptarlos. Mientras se espera la llegada del nuevo líder, sin duda alguna que habrá otros asuntos a tratar, los cuales mantendrán al equipo de transición bastante ocupado.

En tercer lugar, será recomendable que prepares *notas para tu sucesor* con el fin de ayudarlo a que se ubique en su nuevo puesto de trabajo. Mi predecesor me dejó notas en St. Helen, lo cual me fue de mucha ayuda. También me ofreció sentarnos a conversar acerca de la iglesia. Fue un ofrecimiento que no acepté en aquel momento, pero que más tarde me di cuenta de que fue un error de mi parte. Cualquier ayuda que puedas ofrecerle a tu sucesor a que se ubique bien en su nueva labor, logrará mantener el ímpetu que lograste alcanzar bajo tu liderazgo. Si lograste desarrollar un plan estratégico, ello será de mucha ayuda a tu sucesor. Cualquier cosa que puedas ofrecer con el fin de dar un sentido de historia, de la situación actual y de los planes para el futuro serán muy útiles para que tu sucesor tenga una posición ventajosa. Las notas que dejé para mi sucesor en St. Helen contenían una lista de cosas que pensaba hacer como, por ejemplo, aumentar el apoyo administrativo, tener a mano un consejero experto en problemas personales y desarrollar más relaciones misioneras. Si tuviese que escribir aquellas notas el día de hoy, añadiría implementar un taller para el desarrollo de líderes y tener un ministerio para el tratamiento de adicciones. Debo aclarar que estas notas no son mandatos para que el siguiente líder los obedezca. Más bien, son sugerencias e ideas y si el nuevo líder cree que son útiles, puede decir que su predecesor había pensado llevarlas a cabo.

En cuarto lugar, tendrás que *anunciar* tu decisión de marcharte. Probablemente, el momento más adecuado para la gran mayoría de cargos en iglesias u organizaciones será uno o dos meses antes de tu partida, aunque en el caso de cargos más altos lo recomendable quizá sea de seis a nueve meses. La persona a quien rindes cuenta en la organización será la más indicada para sugerirte el tiempo que más te conviene. No debe ser demasiado pronto o sino corres el riesgo de convertirte en un líder sin la capacidad de hacer algo sustancial en tus días finales, tampoco debe ser demasiado tarde o sino no tendrás el tiempo de despedirte de la gente adecuadamente. Se considera una buena práctica o tener buenos modales informar a tus líderes antes de anunciar tu partida con el fin de que la noticia no les caiga de sorpresa. De no ser así, quizá lleguen a ofenderse cuando hagas público el anuncio o cuando se enteren por medio de rumores. Intenta comunicarles tu decisión antes del anuncio público con el fin de reducir el riesgo de que la noticia se cuele antes de tiempo.

Luego, debes decir «adiós» correctamente. Tendrás la oportunidad de manifestar tu aprecio y agradecimiento por todas las cosas buenas que sucedieron, disculparte y reconciliarte de ser necesario e invocar y desear la bendición de Dios. Puede ser útil poner por escrito tu renuncia, con el fin de que cuando tengas que comunicar la noticia y que quizá sea un momento bastante emotivo, tengas ya las palabras que quieres decir. Esto me fue de mucha ayuda cuando llegó el momento de dejar Trinity School for Ministry, ya que me permitió decir con claridad lo que tenía que decir en aquella ocasión. También puede ser útil si tienes que elaborar algún anuncio acerca de tu salida en tu página web o medios sociales, lista de correos electrónicos o comunicado de prensa, en caso de que así se requiera.

Cuando tengas que despedirte, da por sentado que te volverás a encontrar con todos los demás, así que asegúrate de dejar cada una de aquellas relaciones en buenos términos. Quizá en el futuro llegues a trabajar con una de aquellas personas en otro contexto o las necesites para alguna recomendación. Además, piensa en el futuro, porque las verás en el cielo otra vez y en el nuevo cielo y la nueva tierra, si no antes. También ofrece un ejemplo para todos los demás respecto a cómo concluir bien una relación.

Toda despedida como esta involucra una experiencia de *luto* para el que se va y para los que se quedan. Por ello, es recomendable que anticipes muchos procesos de luto en los siguientes meses. Elisabeth Kübler-Ross, fundadora del movimiento de cuidados paliativos, es conocida por haber identificado las etapas del dolor bajo las designaciones de negación, ira, negociación, depresión y, finalmente, aceptación. Así que no te debe sorprender que la gente se comporte fuera de lo común durante este período de tiempo o si surgen problemas que antes eran inexistentes. Respecto a este proceso de duelo, tienes que estar al tanto de ti mismo, de tu familia y amigos y de los miembros de la congregación u organización, con el fin de que sepas procesar este dolor de una manera adecuada.

Durante este tiempo, será conveniente *que prediques y enseñes sobre la transición del liderazgo* si es que ocupas un cargo de predicador o maestro y ayudes a los demás no solo con sus sentimientos de pérdida sino también con las oportunidades que tienen por delante. Deben saber que la labor de todo líder humano llega a su final en algún momento determinado de la vida. También valdrá la pena recordarles las cosas principales que intentabas realizar durante tu ministerio, reconocer tus fracasos y quizá tus remordimientos o cosas que te arrepientes de haber hecho. Debe haber un sentido comunal de gratitud por el viaje que hicieron juntos y una expectativa cada vez mayor del siguiente viaje con tu sucesor.

Luego, una vez que te hayas marchado, sería recomendable que de una manera pública y privada *ofrezcas tu bendición a tu sucesor* y no interfieras con su labor. Lo cierto es que a lo largo de los años lograste desarrollar muchas relaciones, así que no te debe sorprender si alguien se comunica contigo para decirte: «el nuevo líder nos ha sugerido que hagamos lo siguiente [...]; ¿qué piensas de esto?» Recuerda que, francamente, ya no te incumbe. No hubieras querido que tu predecesor se hubiese inmiscuido en esta clase de conversaciones cuando recién llegaste a tu puesto de trabajo, así que debes respetar de la misma manera la labor de tu sucesor. Ello no significa que deberás cortar de raíz todas las antiguas relaciones. Incluso podrás visitar la iglesia u organización con el permiso del nuevo líder. He estado de visita en St. Helen con ocasión de dos funerales, donde se me pidió que oficiara uno de ellos. Pero, esto no significa que debas ser absorbido por los asuntos del liderazgo que sucedan allí. Es cierto que quizá sea algo muy difícil de evitar, especialmente si estuviste en aquel lugar muchos años, pero insisto en que es vital para la futura salud de la iglesia u organización que guardes tu distancia.

El proceso de transición, como hemos visto, requiere saber discernir el momento en que uno debe marcharse, preparar la iglesia u organización para dicha transición y anunciar tu salida. Pero también tenemos la otra cara de la transición: la preparación para el traslado al nuevo cargo. No solo se trata de una transición *desde*, también involucra una transición *hacia*. ¿Cuál será el siguiente llamado?

Oír con atención el siguiente llamado

Por lo general, saber discernir un nuevo llamado requiere que busquemos el consejo de los que nos rodean, especialmente de los que son nuestros guías espirituales, quienes nos conocen bien y desean que el propósito de Dios se cumpla en nuestras vidas. También puede ser útil que recordemos las cosas que solemos usar con otros cuando nos piden nuestro consejo para discernir un cambio de ministerio como, por ejemplo, escuchar la voz de tu corazón, identificar tus dones y determinar el nivel de liderazgo para el que te sientes preparado.

Descubrir lo que el Señor ha puesto en tu corazón (Sal 37.4) es a menudo todo un reto. Tiene que ver con descubrir la *pasión* que sientes. El curso de Willow Creek recomienda que intentes descubrir tus pasiones haciéndote preguntas como esta: «¿de qué tema te gustaría hablar casi toda la noche?» Realizar estos ejercicios te podrían ayudar a descubrir dónde podrías servir mejor. Se trata de saber discernir lo siguiente: «la intersección entre nuestra mayor felicidad y la más profunda necesidad del mundo», tal como lo describió Frederick Buechner.[12] También podría ser un asunto de comparar varias posibilidades, descubrir lo que cautiva nuestra atención y pedirle a Dios que nos abra la puerta correcta. Por lo general, esto ocurre cuando visitas una iglesia u organización y sientes el llamado de Dios a aquel lugar y su amor por aquellas personas que se congregan allí. De hecho, si no sientes amor por ellos, quizá aquel lugar no sea donde se encuentra tu llamado.

Podría ser de mucha ayuda que desarrolles esta manera de pensar recurriendo al paradigma de *la visión, el propósito y los valores fundamentales* que abordamos en la tercera fase. ¿Cómo te

---

12 Frederick Buechner, *Wishful Thinking: A Theological* ABC (Nueva York: Harper & Row, 1973), 95.

describirías a ti mismo si estuvieses realizando la labor a la que crees que Dios te ha llamado y preparado? En otras palabras, ¿descríbeme tu visión personal? Entonces, ¿qué es la esencia de lo que has estado haciendo? ¿cuál es el propósito general de tu vida? Y, ¿qué cosas son las más valiosas para ti y que te motivan a hacer lo que haces y que te guían en el proceso? En otras palabras, ¿cuáles son tus valores fundamentales? Hemos incluido un ejercicio al final de la tercera fase, el cual ofrece una manera de armar todos estos componentes. Francis Barongo, arcediano de la diócesis de Kitari en Uganda, nos compartió un ejemplo de ello en la página 81. Estas perspectivas bien podrían aclarar la búsqueda. También serán útiles para el liderazgo en general, especialmente cuando atravieses por reveses.[13] De hecho, llegar al punto de saber describir lo que piensas de qué se trata tu vida, tan profundo como te sea posible discernirla, ofrecerá claridad y nitidez en todos los aspectos de tu vida, lo cual ofrece un sinnúmero de ventajas. Rob Goffee y Gareth Jones llegan al punto de afirmar lo siguiente: «a no ser que tengas claridad respecto a tu propósito, tus valores y que te importa mucho lo que haces, será muy difícil actuar como líder».[14]

La segunda faceta importante respecto a discernir tu llamado es ser responsable con tus *dones*. Suponemos que uno de tus dones es el de liderazgo, ya sea que nos refiramos al don natural o al espiritual (Ro 12.8) o a ambos. Sea como sea, este don debe practicarse y promoverse. ¿Pero qué sucede con tus otros dones? ¿Tienes algún don especial para enseñar, evangelizar o para la justicia social? Saber con qué dones Dios te ha dotado te puede servir de ayuda cuando busques tu siguiente llamado, siempre y cuando recuerdes que lo que motiva el liderazgo no debe ser la satisfacción de tus propias necesidades. La entrenadora de líderes, Mary Hays, nos dice: «el liderazgo cristiano consiste en la autorrenuncia, no la autorrealización».[15]

---

13 Seligman, "Building Resilience," 33–34, en donde los valores en particular aparecen como ayudas para lograr mayor resiliencia.

14 Rob Goffee y Gareth Jones, *Why Should Anyone Be Led by You? What It Takes to Be an Authentic Leader* (Boston: Harvard Business Review Press, 2019), 73, las cursivas han sido quitadas.

15 Esta cita proviene de una conversación personal con Mary Hays acerca de la transición en el liderazgo. NOTA DEL TRADUCTOR: he optado por el neologismo «autorrenuncia» para que haga juego con autorrealización. El original en inglés contiene la palabra

El tercer aspecto en torno a buscar el siguiente lugar donde servir consiste en evaluar dónde te encuentras en el desarrollo de tus *destrezas de líder*. ¿Cuál reto estás listo para enfrentar? Como regla general, habrá algunas funciones que podrás asumir en tu primera década como líder, otras más en tu segunda década y aún más en la tercera y cuarta. Damos por sentado que en cada etapa podrás crecer en tu carácter cristiano, mejorando tu capacidad para identificar a otros líderes, aprendiendo a discernir la visión e implementar planes para llevar a cabo aquella visión, y desarrollar un buen criterio, una constante valentía y una adecuada humildad. Llegarás a tener mejores habilidades para relacionarte con la gente y conocimientos financieros más sólidos y sabrás aprovechar tu tiempo de una manera mucho más eficiente. De seguro que también lograrás desarrollar una mayor capacidad para la paciencia, la persistencia y la resiliencia. También tu visión del futuro mejorará y obtendrás un aire de seriedad. Todo esto requiere experiencia. Así que, es probable que haya ministerios, iglesias, departamentos u organizaciones que tú probablemente puedas dirigir en estos momentos y que hace diez años te era imposible hacerlo. No se trata de ascensos en el sentido secular. De hecho, aceptar un cargo que podría verse como un descenso de categoría, puede ser muy útil para mantener a raya cualquier arrogancia que haya estado gestándose dentro de nosotros, lo cual puede socavar la capacidad de nuestro liderazgo. Sin embargo, todo esto nos sirve para reconocer que, por la gracia de Dios, los líderes por lo general mejoran con el paso de los años y es recomendable que nos mantengamos en la trayectoria que Dios nos ha llevado. La clave es tener el deseo de hacer la voluntad de Dios y estar dispuesto a cumplir con todo lo que Dios nos ha llamado a hacer, ya sea que parezca inmenso o insignificante. Recordemos que Dios se fija en el corazón (1S 16.7).

Prepararse para el siguiente llamado

Una transición como esta sirve de oportunidad para continuar desarrollándose como un devoto líder. En lo ideal, debería haber *un período de tiempo entre llamados*, por lo menos para poder mudarse de

---

self-abandonment, que nos refiere a las palabras de Jesús en los evangelios respecto a negarse a sí mismo (Mt 16.24; Mr 8.34; Lc 9.23).

vivienda, tomar un descanso o un tiempo de vacaciones. Simon Walker recomienda algo más radical: salir del liderazgo más o menos cada cinco años con el fin de comprobar si realmente tenemos la libertad para dirigir a los demás o si nos hemos vuelto dependientes del cargo de liderazgo y que este nos define como personas.[16] En lo personal, sin la intención de llevar a cabo la recomendación de Walker, yo mismo tuve varias pausas del liderazgo. Entre haber dirigido una iglesia por seis años y una institución de educación teológica, ocupé durante tres años el cargo de profesor. Luego de ocho años en la dirección de un seminario teológico, me encuentro ahora ocupando el cargo de líder asistente, si bien a un nivel de la directiva. Me he dado cuenta de que aquellos tiempos han sido provechosos para mí y estoy muy agradecido por ellos. Me han provisto de perspectivas frescas acerca del liderazgo y me han ayudado a superarme como líder. Estos largos recesos de un cargo directivo son difíciles de planificar y para muchos es impráctico, pero un año sabático entre distintos cargos o cada siete años pueden ofrecer los mismos beneficios. Esta experiencia ofrece la oportunidad de dar un paso atrás y darnos cuenta de las cosas que, por nuestra ocupada agenda, normalmente no nos fijamos y verificar que estamos dirigiendo a los demás para el beneficio de ellos y no para el nuestro.

Vale la pena aprovechar este momento para *reflexionar acerca de lo que has aprendido acerca del liderazgo* en esta etapa más reciente. ¿Qué cosas harías de una manera distinta si pudieras retroceder el tiempo? Si eres de los que mantienen un diario, ahora sería el momento ideal para revisar antiguas anotaciones, prestando atención a cualquier patrón, ya sea negativo o positivo, que pudiera afectar tu futuro liderazgo. Este ejercicio también te podría servir para navegar por el caos de esta transición, ya que es necesario que dejes pasar lo que hacías antes con el fin de empezar de nuevo. Es cierto que se trata de un tiempo bastante incómodo y por ello William Bridges, quien ha investigado estas transiciones, lo ha llamado «la zona neutral» de la incertidumbre.[17]

---

[16] Simon P. Walker, *Leading out of Who You Are: Discovering the Secret of Undefended Leadership* (Carlisle: Piquant, 2007), 156.

[17] William Bridges, *Managing Transitions: Making the Most of Change*, 4ª ed. (Boston: Da Capo Lifelong Books, 2017).

Una valiosa y particular lista de control para todo líder que se encuentre en este período de transición ha sido provista por el empresario cristiano y escritor Max De Pree en su libro *Leadership Is an Art*. En este dice lo siguiente:[18]

1. Los líderes deben dejar atrás sus bienes (dinero, propiedades y gentes) y dejar un legado.
2. Los líderes tiene la obligación de ofrecer y mantener el ímpetu.
3. Los líderes tiene la responsabilidad de mantener la eficacia.
4. Los líderes deben desempeñar un papel en el desarrollo, la expresión y la defensa de la cordialidad y los principios morales.

Sin duda alguna que todos nosotros fallamos en uno o más puntos de esta lista, pero si tomamos el tiempo para reflexionar respecto a cuán cierto fueron estos puntos en tu más reciente cargo de líder, será muy valioso en tu preparación para tu siguiente llamado y te hará pensar acerca de las cosas que podrían hacer de una manera distinta en el futuro. Valdría la pena que nos demos cuenta de que gran parte de esta lista tiene que ver con las relaciones. Tal como Kouzes y Posner han observado, se trata de «la calidad de nuestras relaciones lo que determina con mayor grado si nuestro legado será efímero o duradero».[19] Y además, la lista nos señala que la gente recuerda mejor las cosas que tú hiciste por ellos que lo que hiciste por ti.[20] Qué maravilloso sería si todos pudiésemos decir junto al profeta Samuel:

> Aquí me tienen. Pueden acusarme en la presencia del Señor y de su ungido. ¿A quién le he robado un buey o un asno? ¿A quién he defraudado? ¿A quién he oprimido? ¿Por quién me he dejado sobornar? Acúsenme y pagaré lo que corresponda. —No nos has defraudado —respondieron—; tampoco nos has oprimido ni has robado nada a nadie. Samuel insistió: —¡Que el Señor y su ungido sean hoy testigos de que ustedes no me han hallado culpable de nada! —¡Él es testigo! —fue la respuesta del pueblo. (1S 12.3-5)

---

[18] Max De Pree, *Leadership Is an Art* (Nueva York: Doubleday, 1989), 13–22.
[19] Citado por Blackaby, *Spiritual Leadership*, 359.
[20] Citado por Blackaby, 359.

Un sorprendente *legado* fue aquel del ministro luterano George Müller, quien fue el fundador y director de cinco orfanatos en Bristol, Inglaterra, que hospedaban a más de dos mil niños y niñas huérfanos. Los orfanatos operaban en base a una total dependencia de Dios para sus suministros diarios. Además de la ayuda que recibían los niños, los orfanatos testificaban de la fe que representaban. Según Nancy Garton, biógrafa de Müller, uno de sus mayores deseos era tener algo que sirviera de «prueba visible de que Dios es capaz y está dispuesto, en el día de hoy, a ayudar a los que confían en él».[21] Esta esperanza sigue viva cada vez que se cuenta la historia de este notable ejemplo de fe. Y tuvo un efecto significativo en nosotros en Trinity School for Ministry al tiempo que confiábamos en Dios por su provisión económica y, para alegría nuestra, pudimos ver que cada año salíamos con un balance en cero o con un ligero superávit, a menudo por causa de algunas inesperadas ofrendas de último minuto. Dado que nuestro año fiscal terminaba el 30 de junio, dicho mes llegó a ser conocido como «el junio milagroso».

Los expertos en liderazgo, Rob Goffee y Gareth Jones, recomiendan que se recolecten impresiones y recomendaciones de la gente con el fin de ayudar a los líderes a que mejoren en su liderazgo. La meta del liderazgo, según ellos lo describen, es «sé tú mismo y más, con talento».[22] Desde el punto de vista cristiano, se trata de habilitarnos como líderes para que seamos genuinamente lo que Dios no ha llamado a ser y seguir desarrollando las habilidades que necesitamos para dirigir a los demás. «Los grandes líderes jamás terminan de formarse», dicen Goffee y Jones. «Se nos reta a todos nosotros a revisar y renovar constantemente nuestras habilidades de líderes. Una vez más, no se trata del todo en una tarea individual. El desarrollo eficaz de los líderes se alimenta de conversaciones sinceras y genuinas con los demás. Y en muchas organizaciones, la sinceridad escasea».[23] Para poder crecer como líderes, necesitamos oír impresiones y recomendaciones confiables acerca de cómo nos está yendo. Será muy útil escuchar con atención cuán bien creen otras personas que nos está

---

21 Nancy Garton, *George Müller and His Orphans* (Londres: Hodder & Stoughton, 1963), 56.
22 Goffee y Jones, *Why Should Anyone Be Led by You?*, 17.
23 Goffee y Jones, xi.

yendo con ganarnos la confianza de la gente, desarrollando líderes, discerniendo la visión y llevando a cabo los planes. Ello generará el tipo de evaluación que nos servirá para descubrir dónde se ubican nuestras fortalezas y debilidades y así poder aprovechar de aquellas fortalezas y atender a nuestras debilidades. Incluso en un contexto cristiano, es probable que muchos se sientan reacios a ser francos con nosotros durante el curso normal de sus vidas, quizá porque les agobia la idea de aparentar ser desleales o ingratos. Sin embargo, en aquel momento de transición, estos temores podrían reducirse y lograr así una mayor apertura, la cual será muy útil. En lo ideal, debería ser una evaluación de 360 grados, es decir, que provenga de tus superiores, de tus colegas y de tus subalternos en la organización.

También se podrá aprovechar este tiempo para *evaluar todos los aspectos de tu ministerio*, ya sea que incluyan la predicación, la enseñanza o la labor pastoral, además de la función de líder. ¿Te sientes estancado en alguna de estas funciones? ¿Dónde crees que necesitas o quieres mejorar? Dedicar tiempo con el Señor y pedir la opinión de otros que te conocen bien te podrá servir de ayuda para determinar dónde deberías invertir tu tiempo, si en leer o en tomar clases. También podrías aprovechar la oportunidad para desarrollar tus habilidades de líder y de gestión administrativa. Hay muchos libros y cursos disponibles que te podrían ayudar con este asunto. Vale la pena invertir tiempo y dinero para que te superes en estas áreas. Obviamente, yo te recomendaría que consideres estudiar en un seminario teológico que te podría servir de ayuda para tu futuro liderazgo.

Pero más importante aún es *invertir en tu vida espiritual*. Dedica tiempo al estudio de la Biblia y a la oración, asiste a conferencias que te renueven y te animen, emprende un retiro espiritual o dedica tiempo con aquellos que están dispuestos a orar por ti. Separa el tiempo para todas aquellas cosas que te ayuden a acercarte al Señor y permanece quieto delante de Dios. No hay ninguna otra cosa que te fortalecerá como líder que madurar en tu relación con tu Padre celestial, por medio de tu unión con Jesucristo y con el poder del Espíritu Santo. Así es la manera en que podrás renovar aquella confianza que es tan fundamental para tu liderazgo.

Quizá esta sea la última transición que tendrás en tu liderazgo y luego te *jubilarás*. A estas alturas quizá hayas logrado acumular una gran sabiduría y experiencia. Espero que puedas compartirlas con aquellos que aún se encuentran practicando su liderazgo. Para mí me fue de una tremenda ayuda haber tenido un oído presto de parte de líderes mayores que yo, muchos de ellos jubilados, que estuvieron dispuestos a oír lo que acontecía en la labor que me encontraba haciendo y ofrecerme sus consejos y oraciones. Muchas veces he recordado el pasado y he visto los errores que pude haber cometido de no haber sido por los buenos consejos que recibí de aquellos líderes. Los líderes jubilados tienen todavía mucho que dar.

Conclusión

La etapa de transición es un proceso complejo y es difícil atravesarlo con pericia. Hay que tomar conciencia de lo importante que es marcharse en buenos términos. De esta manera podrás ser una bendición a aquellos que has servido cuando concluyas tu ministerio bien y dejes a tu sucesor en una buena situación. Es importante recordar, incluso desde tus primeros años de ministerio, que surgirán los momentos de transición y por ello debes empezar a pensar en qué condición quisieras dejas las cosas cuando te marches y esforzarte para alcanzar esta meta saludable. Saber que este momento llegará te debe servir para que prestes bastante atención a lo que está por venir y aspirar a ser un mejor líder en el siguiente capítulo de tu vida o, si estás por jubilarte, cómo podrás compartir con los demás todo lo aprendido a lo largo de tu vida. Todas estas cosas son servicios muy valiosos que los líderes prestan a la iglesia en general y las organizaciones que sirven y así se logrará fortalecer el liderazgo.

Ejercicios adicionales

¿Cómo puedes superarte como líder en momentos de transición?

1. ¿Cómo puedes mantenerte renovado con el fin de seguir sirviendo el tiempo que te corresponda en tu cargo actual?
2. ¿Hay algunos pasos que debes tomar para mejorar tu resiliencia?
3. ¿Qué estás haciendo para asegurarte que las principales áreas de tu ministerio tienen líderes sólidos?

4. ¿De qué manera estás desarrollando futuros líderes para tu propio cargo y para otros cargos en otros ministerios?
5. ¿Cuándo crees que llegará el tiempo para que dejes tu cargo actual de líder?
6. ¿Quién te ayudará a discernir el tiempo del Señor para que cambies de ministerio?
7. ¿Tienes a algún líder o equipo que ofrezca tranquilidad y aliento a tu congregación u organización cuando te marches? Si no es así, ¿qué puedes hacer para corregir esto?
8. ¿Cómo puedes manejar tu etapa de transición de la manera más tranquila posible?
9. ¿Cuáles serían los siguientes pasos más adecuados para ti?
10. ¿Qué podrías estar haciendo en preparación para tu siguiente llamado?

Conclusión

El liderazgo cristiano es un gran privilegio y un tremendo reto. Es en realidad muy difícil pero ciertamente maravilloso. Depende de la calidad del carácter, de un juego de destrezas y un cúmulo de conocimientos que toman años en desarrollar y a cada paso, si somos honestos, veremos la posibilidad de mejorar. ¿Quién es autosuficiente en todas estas cosas? ¿Cómo podemos vivir a la altura de este llamado? El reto ciertamente podría parecernos abrumador. Pero el premio que recibimos de ello es grande: un legado de gente que ha logrado madurar, una organización que es más sólida que antes y una gran confianza en el esplendor y el poder de Dios. El apóstol Pablo pudo decir de los hermanos de la iglesia que logró fundar en Filipos que eran su alegría y su corona (Fil 4.1). Si Dios nos ha llamado, entonces con toda seguridad debemos entregarnos a esta labor en todo lo posible y confiar que el que nos llamó será fiel y estará con nosotros a lo largo de nuestra vida.

Lo que hemos ofrecido en este libro es un panorama de los distintos elementos del liderazgo y la manera en que estos se interconectan, en vez de ofrecer un tratamiento exhaustivo del liderazgo. Hay mucho más que decir acerca de cada aspecto que hemos tratado aquí. Nuestro propósito es que al comprender las dimensiones generales de las etapas del liderazgo y las cinco fases del trayecto que toma el liderazgo, nos sirva de gran ayuda cuando aceptemos el llamado a servir como líderes. Es importante saber que ganarse la confianza de la gente es un cimiento indispensable de todo lo que haga el líder; muy poco o nada puede hacerse sin este. También es fundamental darse cuenta de que el líder necesita desarrollar otros líderes con el fin de cumplir su propósito, por ello debe siempre estar a la búsqueda de otros posibles líderes e intentar desarrollarlos. Luego de que hayas podido identificar a otros líderes y tengas formado un equipo de líderes principales, todos juntos podrán discernir una visión para el futuro, la cual organizará e inspirará los esfuerzos de todos los que participan en la iglesia u organización. Luego de ello, podrás desarrollar planes para implementar aquella visión y estos planes podrán revisarse y renovarse cuando así se requiera. Finalmente, llegará el momento cuando tengas que marcharte y para ello atravesarás un período de transición, el cual debe terminar bien. Todos estos elementos son aspectos típicos del liderazgo en cualquier contexto, incluyendo el liderazgo cristiano. Todo líder debe estar consciente de ello y aprovechar las ventajas que ofrece.

Una de las cosas que más me causa asombro, ahora que hago memoria del tiempo que pasé en St. Helen y en Trinity School for Ministry, es la manera inesperada y misteriosa con la que Dios actúa en nuestras vidas y que nos sirve de señal de su maravillosa providencia. Una y otra vez recibimos bendiciones imprevistas. En St. Helen, luego de recurrir a la consultoría de Laurence Gamlen, quién nos ayudó a discernir nuestra visión y propósito, me di cuenta de que realmente necesitábamos aquellos dos elementos en nuestro ministerio; la conversación con el director de aquel colegio Montessori, que produjo la remodelación del salón de la iglesia; el intento fallido de reiniciar el ministerio de la iglesia de St. Francis, que nos condujo a un plan mucho mejor; el reclutamiento de líderes para el ministerio de niños en St. Helen y St. Francis; y muchos otros ejemplos más. Luego, en Trinity School for Ministry, tuvimos innumerables ejemplos de la acción de Dios, quien nos trajo la gente adecuada y suplió nuestras necesidades, especialmente las necesidades económicas en el momento más crítico. Dios estuvo obrando en el curso normal de cada día y en las vidas de los líderes, haciendo más de lo que podíamos pedirle o imaginarnos. Fue Dios el que tomó la iniciativa, no fui yo. Efectivamente, hubo muchas cosas que tuve que hacer como líder, pero mi responsabilidad principal fue orar y pedirle a Dios que nos dirigiera. Recuerdo haber estado conversando con un empresario cristiano en Pittsburgh, ahora jubilado y que rememoraba tantos años de su exitosa carrera en la industria de la informática. Me decía que acababa de darse cuenta de que las dos grandes oportunidades que tuvo durante aquellos años sencillamente le cayeron en las manos. Reconoció que honestamente nada de aquello lo logró por sus habilidades. Sencillamente fue beneficiario de aquello. Para mí, de esto se trata el liderazgo cristiano. Es lo que hace de este liderazgo algo maravilloso y totalmente impresionante.

Sin embargo, incluso si se está consciente de todo ello, la tarea del líder sigue siendo abrumadora. Aún recuerdo la primera vez que leí *Spiritual Leadership* de J. Oswald Sanders cuando era un muchacho adolescente y me preguntaba: ¿quién tendrá toda esa capacidad para hacer esto? Sanders describe los peligros que presentan el compromiso falso, la ambición egoísta, los fracasos desalentadores, los altibajos emocionales, la envidia y el orgullo.[1] Sin duda que las expectativas son enormes y altísimos los riesgos. Lo más difícil puede ser la espera de ver tus oraciones contestadas y que nosotros mismo junto a los demás nos tranquilicemos al saber que Dios es fiel y que hará lo correcto. La oportunidad para ser líder es un llamado a la madurez cristiana y a ser personas llenas de fe, tal como Dios quiere que seamos. Nadie es capaz de hacer esto por sus propios medios y fuerzas. Pero nosotros tenemos la obligación de confiar en Dios y su fidelidad y en el poder del Espíritu Santo. Hay una invitación que expresa esto con bastante precisión: «No puedes llevar el peso de este llamado con tus propias fuerzas sino solo con la gracia y el poder de Dios. Por tanto, ruega a Dios que te permita tener un gran corazón y que puedas comprender mejor las Escrituras. Pide con toda sinceridad el don del Espíritu Santo».[2]

En el caso de todos nosotros que hemos tenido el privilegio de haber sido llamados al liderazgo y que nos han acompañado todos lo que oran por nosotros y apoyan nuestra labor, ¿qué más podemos decir aparte de agradecer a Dios por este supremo llamado? Es una vida llena de maravillosas experiencias que nos ayudan a tener una firme fe en Jesucristo (1Ti 3.13). Son tan numerosas las oportunidades que tenemos para hacer el bien y procurar la bendición de Dios a tantas

---

[1] J. Oswald Sanders, *Spiritual Leadership* (Bromley: STL, 1967), 142–152.
[2] Oración por aquellos que están por recibir la ordenación al ministerio, en *Common Worship Ordination Services* (Londres: Church House, 2000).

personas, que el papel que juega el líder cristiano debe distinguirse porque sabe agradecer por haber sido llamado a cumplir esta tarea. Que el Espíritu Santo nos fortalezca a lo largo de cada fase del liderazgo, en todo lugar donde sirvamos y nos use para dar a conocer la gloria de Dios.

Glosario

Dado que los ejemplos que he usado provienen principalmente del contexto anglicano y episcopal en el que he laborado, incluyo este breve glosario para el beneficio de aquellos que no están familiarizados con esta tradición.

Arcediano: uno de los principales líderes ordenados quien presta ayuda al obispo en la administración de un área de la diócesis.

Obispo: el cargo más alto de la diócesis o de una región dentro de la diócesis.

Consejo parroquial: un comité elegido por miembros de la congregación, cuyo propósito es administrar las finanzas de la iglesia, mantener sus bienes y promover la misión.

Capillero: uno de los principales líderes de la iglesia (no ordenado)

Clero: ministros ordenados.

Confirmación: un culto donde los candidatos confirman su fe en Jesucristo, donde se les impone las manos para que reciban el poder del Espíritu Santo y se ofrecen a sí mismos para servir al Señor.

Párroco: un líder ordenado quien sirve como asistente en una iglesia y en donde podrá recibir entrenamiento.

Diócesis: un distrito bajo la supervisión de un obispo principal.

Día de ofrendas: un día que se ha elegido para hacer ofrendas especiales para la obra del Señor.

Parroquia: el área geográfica bajo el cuidado del vicario o rector.

Rector: el que preside una institución educativa y que en otros contextos podría llamarse el presidente o director.

Institución teológica: un centro educativo que en otros contextos podría llamarse seminario o instituto bíblico y que forma a alumnos para el liderazgo cristiano, incluyendo el ministerio ordenado.

Vicerrector: el que asiste al rector de un centro educativo, quien en otros contextos podría llamarse vicepresidente o subdirector.

Bibliografía

Beasley-Murray, Paul
1995   *A Call to Excellence: An Essential Guide to Christian Leadership.*
Londres: Hodder & Stoughton.

Blackaby, Henry, y Richard Blackaby
2011   *Spiritual Leadership.* Revised edition. Nashville: Broadman & Holman.

Blanchard, Ken, y Phil Hodges
2001   *The Servant Leader.* Nashville: Word.

Blanchard, Kenneth, y Spencer Johnson
1983   *The One Minute Manager.* Londres: Fontana.

Bridges, William
2017   *Managing Transitions: Making the Most of Change.* 4th edition. Boston:
Da Capo Lifelong Books.

Britton, Anne, y Chris Waterston
2006   *Financial Accounting.* 4th edition. Harlow: Pearson.

Buckingham, Marcus, y Curt Coffman
1999   *First, Break All the Rules: What the World's Greatest Managers Do
Differently.* Londres: Simon & Schuster.

Buechner, Frederick
1973   *Wishful Thinking: A Theological ABC.* Nueva York: Harper & Row.

Busby, Dan
2015   *Trust: The Firm Foundation for Kingdom Fruitfulness.* Winchester, VA:
ECFA.

Christensen, Clayton M.
2010   "How Will You Measure Your Life?" Harvard Business Review,
HBR's 10 Must Reads on Managing Yourself. Boston: Harvard Business
Review Press.

Coleman, Robert
2010   *The Master Plan of Evangelism.* 2nd edition. Ada, MI: Revell.

Collins, Jim

    2001   *Good to Great*. Nueva York: HarperCollins.

Collins, Jim, y Jerry I. Porras

    1994   *Built to Last: Successful Habits of Visionary Companies*. Nueva York: HarperCollins.

Covey, Stephen R.

    1989   *The Seven Habits of Highly Effective People*. Nueva York: Simon & Schuster.

Covey, Stephen M. R., con Rebecca R. Merrill

    2006   *The Speed of Trust: The One Thing That Changes Everything*. Nueva York: Free Press.

Croft, Steven

    2016   *The Gift of Leadership – According to the Scriptures*. Norwich: Canterbury Press.

De Pree, Max

    1989   *Leadership Is an Art*. Nueva York: Doubleday.

    1992   *Leadership Jazz*. Nueva York: Doubleday.

Drucker, Peter F.

    1954   *The Practice of Management*. Nueva York: Harper & Row.

    2001   *The Essential Drucker: The Best of Sixty Years of Peter Drucker's Essential Writings on Management*. Nueva York: Harper.

Fernando, Ajith

    2007   *An Authentic Servant: The Marks of a Spiritual Leader*. 2nd edition. Leyland: 10publishing.

Finney, John

    1989   *Understanding Leadership*. Londres: Daybreak.

Fisher, Roger, y William Ury, con Bruce Patton

    1991   *Getting to Yes: Negotiating Agreement without Giving In*. 2nd edition. Nueva York: Penguin.

Ford, Leighton

    1991   *Transforming Leadership: Jesus' Way of Creating Vision, Shaping Values and Empowering Change*. Downers Grove, IL: IVP Books.

Friedman, Edwin H.

    1985   *Generation to Generation: Family Process in Church and Synagogue*. Nueva York: Guilford Press.

    1997   *A Failure of Nerve: Leadership in the Age of the Quick Fix*. Nueva York: Seabury.

Garton, Nancy

    1963   *George Müller and His Orphans*. Londres: Hodder & Stoughton.

Goffee, Rob, y Gareth Jones
    2003   *The Character of a Corporation: How Your Company's Culture Can Make or Break Your Business*. 2nd edition. Londres: Profile.

Goffee, Rob, y Gareth Jones
    2019   *Why Should Anyone Be Led by You? What It Takes to Be an Authentic Leader*. Boston: Harvard Business Review Press.

Goleman, Daniel
    2004   "What Makes a Leader?" *Harvard Business Review* 82, no. 1 (January): 82–91.

Goossen, Richard J., y R. Paul Stevens
    2013   *Entrepreneurial Leadership: Finding Your Calling, Making a Difference*. Downers Grove, IL: InterVarsity Press.

Green, Michael
    2017   *Radical Leadership in the New Testament and Today*. Londres: SPCK.

Greenleaf, Robert K.
    1973   *The Servant as Leader*. Cambridge, MA: Center for Applied Studies.

Guest, John
    1993   *Beating Mediocrity: Six Habits of the Highly Effective Christian*. Grand Rapids, MI: Baker.

Handy, Charles
    1988   *Understanding Voluntary Organizations*. Londres: Penguin.
    1991   *The Age of Unreason*. Londres: Random House.

Harle, Tim
    2019   *Leading in a Second Chair: Insights for First- and Second-Chair Leaders*. Cambridge: Grove Books.

Hartwig, Ryan T., y Warren Bird
    2015   *Teams That Thrive: Five Disciplines of Collaborative Church Leadership*. Downers Grove, IL: InterVarsity Press.

Harvard Business Review
    2010   *HBR's 10 Must Reads on Managing Yourself*. Boston: Harvard Business Review Press.
    2011   *HBR's 10 Must Reads on Leadership*. Boston: Harvard Business Review Press.
    2011   *HBR's 10 Must Reads on Managing People*. Boston: Harvard Business Review Press.
    2011   *HBR's 10 Must Reads on Strategy*. Boston: Harvard Business Review Press.
    2015   *HBR's 10 Must Reads on Emotional Intelligence*. Boston: Harvard Business Review Press.
    2018   *HBR's 10 Must Reads on Mental Toughness*. Boston: Harvard Business Review Press.

Harvey-Jones, John
  1988   *Making It Happen: Reflections on Leadership*. Glasgow: Collins.

Herman, Robert D., y Associates
  2005   *The Jossey-Bass Handbook of Nonprofit Leadership and Management*. 2nd edition. San Francisco: Jossey-Bass.

Hesselbein, Frances, Marshall Goldsmith, y Richard Beckhard, eds.
  1996   *The Leaders of the Future*. San Francisco: Jossey-Bass.

Jackson, Bob
  2002   *Hope for the Church: Contemporary Strategies for Growth*. Londres: Church House.
  2005   *The Road to Growth: Towards a Thriving Church*. Londres: Church House.

Kamau, Ken
  2016   *First Things First: Growing in Pastoral Ministry*. Nairobi: HippoBooks.

King, Philip
  1987   *Leadership Explosion: Maximising Leadership Potential in the Church*. Londres: Hodder & Stoughton.

Kotter, John
  2012   *Leading Change*. Boston: Harvard Business Press.

Kouzes, James, y Barry Posner
  2012   *The Leadership Challenge: How to Make Extraordinary Things Happen in Organizations*. 5th edition. San Francisco: Wiley.

Lafley, A. G., y Roger L. Martin
  2013   *Playing to Win: How Strategy Really Works*. Boston: Harvard Business Review Press.

Laughlin, Patrick R., Erin C. Hatch, Jonathan S. Silver, y Lee Boh
  2006   "Groups Perform Better Than the Best Individuals on Letters-to-Numbers Problems: Effects of Group Size." *Journal of Personality and Social Psychology* 90, no. 4: 644–651.

Lawrence, James
  2004   *Growing Leaders: Reflections on Leadership, Life and Jesus*. Abingdon: Bible Reading Fellowship.

Legge, Peter
  2018   *The Power of Tact 2.0*. Burnaby, BC: Eaglet.

Lencioni, Patrick M.
  2002   *The Five Dysfunctions of a Team: A Leadership Fable*. San Francisco: Jossey-Bass.

Lombardo, Michael M., y Robert W. Eichinger
  1996   *The Career Architect Development Planner*. 1st edition. Minneapolis: Lominger.

MacArthur, John

2004   *Called to Lead: Lessons from the Life of the Apostle Paul.* Nashville: Nelson.

Maxwell, John C.

1998   *The 21 Irrefutable Laws of Leadership: Follow Them and People Will Follow You.* Nashville: Thomas Nelson.

Mead, Loren B.

1996   *Five Challenges for the Once and Future Church.* Herndon, VA: Alban Institute.

Mullins, Laurie J.

2013   *Management and Organisational Behaviour.* 10th edition. Harlow: FT Publishing.

Neill, Stephen

1955   *The Christian Character.* Londres: United Society for Christian Literature.

Nelson, John, ed.

1996   *Management and Ministry.* Norwich: Canterbury Press.

Newbigin, Lesslie

1989   *The Gospel in a Pluralist Society.* Londres: SPCK.

Nouwen, Henri

2010   *A Spirituality of Fundraising.* Nashville: Upper Room Books.

Parkinson, Ian

2017   *Enabling Succession.* Cambridge: Grove Books.

2020   *Understanding Christian Leadership.* Londres: SCM.

Peters, Thomas J., y Robert H. Waterman Jr.

1982   *In Search of Excellence: Lessons from America's Best-Run Companies.* Nueva York: Harper & Row.

Peters, Tom

1988   *Thriving on Chaos: A Handbook for a Management Revolution.* Nueva York: Harper & Row.

Peters, Tom, y Nancy Austin

1985   *A Passion for Excellence: The Leadership Difference.* Nueva York: Collins.

Piggott, Andy

2014   *Leaving Well: Exploring Aspects of Moving from One Ministry to Another.* Cambridge: Grove Books.

Pytches, David

1998   *Leadership for New Life.* Londres: Hodder & Stoughton.

Rayburn, Robert S., y Steven A. Nicoletti
  2017   "An Elder Must Have Believing Children: Titus 1:6 and a Neglected Case of Conscience." *Presbyterion* 43, no. 2 (Fall): 69–80.

Rinehart, John
  2013   *Gospel Patrons: People Whose Generosity Changed the World.* Fullerton, CA: Reclaimed Publishing.

Roxburgh, Alan J., y Fred Romanuk
  2006   *The Missional Leader: Equipping Your Church to Reach a Changing World.* San Francisco: Jossey-Bass.

Saïdi, Farida
  2013   *A Study of Current Leadership Styles in the North African Church.* Carlisle: Langham Monographs.

Sanders, J. Oswald
  1967   *Spiritual Leadership.* Bromley: STL.

Schein, Edgar H.
  1992   *Organizational Culture and Leadership.* 2nd edition. San Francisco: Jossey-Bass.

Seligman, Martin
  2018   *Learned Optimism.* Boston: Nicholas Brearley.

Senge, Peter M.
  2006   *The Fifth Disciple: The Art and Practice of the Learning Organization.* Revised edition. Nueva York: Doubleday, 2006.

Shawchuck, Norman, y Roger Heuser
  1993   *Leading the Congregation.* Nashville: Abingdon.

Shawchuck, Norman, y Roger Heuser
  1996   *Managing the Congregation.* Nashville: Abingdon.

Sinek, Simon
  2009   *Start with Why: How Great Leaders Inspire Everyone to Take Action.* Nueva York: Penguin.

Stanley, Andy
  2007   *Making Vision Stick.* Grand Rapids, MI: Zondervan.

Stott, John
  1998   *The Message of 1 Timothy and Titus.* Leicester: Inter-Varsity Press.
  2002   *Calling Christian Leaders: Biblical Models of Church, Gospel and Ministry.* Leicester: Inter-Varsity Press.

Temple, William
  1985   *Readings in John's Gospel.* Nueva York: Morehouse.

Tracy, Brian
  2014   *Leadership.* Nueva York: Amacom.

2014   *Management*. Nueva York: Amacom.

Walker, Simon P.

2007   *Leading Out of Who You Are: Discovering the Secret of Undefended Leadership*. Carlisle: Piquant.

Warren, Rick

1995   *The Purpose Driven Church: Growth without Compromising Your Message and Mission*. Grand Rapids, MI: Zondervan.

Weems, Lovett H.

1993   *Church Leadership: Vision, Team, Culture and Integrity*. Nashville: Abingdon Press.

Wright, Walter C.

2000   *Relational Leadership: A Biblical Model for Leadership Service*. Carlisle: Paternoster.

Sociedad Langham

La Sociedad Langham es una comunidad mundial que trabaja con el ánimo de cumplir la visión que Dios encomendó a su fundador, John Stott, consistente en:

facilitar el crecimiento de la iglesia en madurez y en semejanza a Cristo, elevando los niveles de predicación y enseñanza bíblica.

Nuestra visión es ver que las iglesias del mundo mayoritario estén equipadas para la misión y creciendo hacia la madurez en Cristo a través del ministerio de sus pastores y líderes, quienes creen, enseñan y viven por la Palabra de Dios.

Nuestra misión es fortalecer el ministerio de la Palabra de Dios:
- fortaleciendo movimientos nacionales de predicación bíblica;
- favoreciendo la creación y distribución de literatura evangélica; y
- elevando el nivel de la educación teológica evangélica, especialmente en países donde las iglesias carecen de recursos.

Nuestro ministerio

Langham Predicación se asocia con líderes nacionales que estimulan movimientos locales de predicación bíblica para pastores y predicadores laicos en el mundo entero. Con el apoyo de un equipo de capacitadores provenientes de diversos países, se desarrolla un programa de seminarios a diversos niveles que proveen capacitación práctica, al cual le sigue un programa que busca formar facilitadores locales. Los grupos locales de predicación (escuelas de expositores) y las redes nacionales y regionales se encargan de dar continuidad a los programas e impulsar su desarrollo ulterior con el fin de construir un movimiento vigoroso comprometido con la exposición bíblica.

Literatura Langham provee a los pastores, seminarios y académicos del mundo mayoritario libros evangélicos y recursos electrónicos mediante becas, descuentos y mecanismos de distribución. El programa también auspicia la producción de literatura evangélica para pastores en diversos idiomas a través de talleres para escritores y editores, respaldo a la tarea literaria, traducciones, fortalecimiento de las casas editoriales evangélicas e inversiones en proyectos regionales de literatura, tales como el *Comentario Bíblico Contemporáneo*.

Langham Becas provee apoyo financiero para estudiantes evangélicos a nivel doctoral provenientes del mundo mayoritario, de tal manera que, una vez que regresen a sus países, puedan capacitar pastores y a otros líderes cristianos brindándoles una sólida formación bíblica y teológica. Éste es un programa que equipa a quienes van a equipar a otros. *Langham Becas* trabaja igualmente con seminarios del mundo mayoritario fortaleciendo su educación teológica. Un número creciente de académicos de *Langham Becas* estudia en programas doctorales de alta calidad en reconocidos centros del mundo mayoritario. Además de formar a la siguiente generación de pastores, los graduados de *Langham Becas* ejercen una influencia significativa a través de sus escritos y su liderazgo.

Para obtener más información sobre la *Sociedad Langham* y el trabajo que desarrollamos visítenos en www.langham.org.

www.ingramcontent.com/pod-product-compliance
Lightning Source LLC
LaVergne TN
LVHW011011200726
843509LV00011B/1052